GÜNTHER PAPE

ICH WAR ZEUGE
JEHOVAS

W0231127

PAUL PATTLOCH VERLAG · ASCHAFFENBURG

Günther Pape, geboren 1927 in Thale/Harz. Von Kind an im Elternhaus in der Lehre der Zeugen Jehovas erzogen. Nach Verhaftung des Eltern 1936, durch die Gestapo wegen illegaler Tätigkeit für die seit 1933 verbotenen Zeugen Jehovas, kam Günther Pape in ein dem Armenhaus in Thale angeschlossenes Kinderheim. Frühjahr 1944 RAD, März 1945 Wehrmacht, kurze Gefangenschaft.

Ab Januar 1946 hauptamtlicher Mitarbeiter der Zeugen Jehovas. Oktober 1946 Prediger und Missionar der Wachtturm-Gesellschaft. Flucht aus der SBZ nach dem dortigen Verbot der Zeugen Jehovas im Jahre 1950. Bruch mit den Zeugen Jehovas 1956/57. Konversion Ostern 1963. Januar 1972 Leiter des Katholischen Informations-Büros Glaubensgemeinschaften. Bekannt durch Vorträge und Predigten: Aufsätze und Artikel in Presse, Zeitschriften und Fernsehen. Autor von Traktaten und Broschüren. Bücher: 1961, „Ich war Zeuge Jehovas", z. Z. 6. Auflage, „Die Wahrheit über Jehovas Zeugen".

6. Auflage

1978

Wohl jeder Mensch hat heute in irgendeiner Form mit den Zeugen Jehovas Bekanntschaft gemacht. Viele bewundern ihren Eifer und ihre Hingabe an ihr Werk.

Ich war Zeuge Jehovas, bin schon als Kind im Glauben dieser Gemeinschaft erzogen worden, wurde Missionar und bekleidete mehrere Ämter in der Organisation.

Heute schreibe ich gegen — oder besser — über Jehovas Zeugen. Warum?

Durch Gottes Gnade durfte ich den Irrtum erkennen, in dem ich erzogen war, und dem ich diente. Meine Kräfte und Fähigkeiten hatte ich in seinen Dienst gestellt. Nachdem ich nun von der Irrlehre der Zeugen Jehovas frei werden durfte, ist es mein Wunsch, ja ich betrachte es als meine Pflicht, vor diesem Irrglauben zu warnen.

Nicht niedere Haß- oder Rachegefühle haben mich zum Schreiben bewogen, und ich verliere mich nicht in den kleinlichen, allzu menschlichen Klatsch, der in fast allen Versammlungen der Zeugen Jehovas in Umlauf ist. Ich greife niemand auf Grund seiner persönlichen Fehler und Schwächen an. Auch kann man jeden Menschen verleumden. Wer zur Verleumdung greift, zeigt die Schwäche seiner Position und seine Unaufrichtigkeit.

Ich bin bemüht, sachlich und ohne jede Polemik meine persönlichen Erfahrungen und Studienergebnisse darzulegen, um zu zeigen, wie die Zeugen Jehovas zu Unrecht in Gottes und Christi Namen einer übermächtigen Organisation dienen, die sie vollkommen in Bann geschlagen hat. Mit diesem Buche möchte ich mahnen und warnen, möchte helfen, die Wahrheit über Jehovas Zeugen zu verbreiten.

Dem Andenken meines Vaters, der mit vierzig Jahren nach achtjähriger KZ-Haft als Zeuge Jehovas sein Leben ließ, und meiner Mutter, die noch heute als Predigerin der Zeugen Jehovas arbeitet und fast neun Jahre KZ-Haft als Zeugin erduldete, möchte ich dieses Buch widmen.

Waldshut, im August 1961 *Günther Pape*

Vorwort zur vierten Auflage

In verstärktem Maße und bis in die kleinsten Gemeinden sind heute die Zeugen Jehovas tätig. Es mehren sich die Fälle von religiöser Spaltung in Ehen und Familien, teilweise nehmen sie tragische Formen durch die intolerante Haltung des durch die Zeugen beeinflußten Partners an. Auf der anderen Seite gibt es aber auch mehr und mehr Zeugen Jehovas, die durch dieses Buch angeregt wurden nachzudenken, und die den Weg in die Freiheit gingen, gelöst vom Druck der Wachtturm-Doktrin. Laufend erreichen mich dankbare Zuschriften aus diesen Kreisen, aber auch Anfragen von solchen, die durch die Lehre und Verkündigung der Zeugen gefährdet sind. Das veranlaßt mich, auch diese 4. Auflage unverändert herauszubringen. Die Wachtturm-Gesellschaft läßt Jehovas Zeugen verbreiten, die Argumente, Beweise und Zitate dieses Buches seien falsch, doch weiß die Führung der Gesellschaft selbst am besten, daß ihre Behauptung jeder Grundlage entbehrt. Aus welch anderem Grunde hat sie es denn bisher unterlassen, auch nur ein einziges Beispiel dafür anzuführen? Sie kann es nicht, weil jedes Wort dieses Buches der Wahrheit und Wirklichkeit entspricht. Es ist ein Zeichen ihrer Schwäche und Heuchelei, daß sie versucht, mit unwahren Behauptungen die Glaubwürdigkeit dieses Buches anzuzweifeln. Jehovas Zeugen werden von ihrer Führung angehalten, es nicht zu lesen. Sie weiß, warum sie dies tut, denn sie hat keine Argumente gegen die Wahrheit. Durch ihre Lehrverkündigung hat die Wachtturm-Gesellschaft ein neues Endzeitdatum gesetzt: 1975! Ich kann nur hoffen, daß die Lektüre dieses Buches mit seinen Beispielen von falschen Prophezeiungen (wie z. B. 1925) viele davon abhalten wird, dieser neuen „Prophezeiung" zu glauben. Jeder Leser möge prüfen, nachdenken, erwägen und dann seine Entscheidung treffen. Gerne bin ich dann bereit, weitere Hilfen zu geben.

7961 Haisterkirch, im Februar 1970   *Günther Pape*

Kinderjahre

Im Auf und Nieder des politischen Gewoges schien alles zu schwanken und zu versinken: Maßstäbe für Sicherheit zerbrachen, Regierungen kamen und gingen — nur eines mußte bleiben: der Mensch in einem Wirrwarr ungelöster Probleme! Auf wen sollte das Volk sich verlassen? — —

Auch in Thale, einer kleinen Stadt am Harz, im wildromantischen Bodetal, blieben die Menschen wie anderswo von den Auswirkungen der Unruhen nicht verschont. Im Eisenhüttenwerk, das 8000 Männern mit ihren Familien Brot geben konnte, fanden sich Arbeiter aller politischen Richtungen zusammen: sie bangten um ihren Arbeitsplatz. Die Wirtschaftskrise in Deutschland nahm immer bedrohlichere Formen an. Wer heute noch in Arbeit stand, konnte morgen auf der Straße liegen.

1930. Die Macht der Nationalsozialisten wuchs rasch. Thale aber blieb vorwiegend rot. Da lagen sich Rot und Braun oft in den Haaren. Zu dieser Zeit hatte mein Vater noch Arbeit als Former im Eisenhüttenwerk. Doch es wurde täglich schwerer und die Zahl der Arbeitslosen Legion. Eines Tages gehörte auch mein Vater zu ihnen.

Wir waren nicht begütert wie die Ferien- und Wochenendgäste, die aus Berlin oder anderswoher bei uns schöne Tage verbrachten und unser Bodetal bestaunten. Sie zahlten gern für einen Sprung von der Teufelsbrücke in die Bode, mochte auch die Polizei jedem Springer nachstellen. Die Gäste hatten ihren Nervenkitzel und der arme Kerl seine 50 Pfennig. Mehr schien ihnen das gefährliche Schauspiel auch nicht wert zu sein. Immerhin, kamen zehn oder mehr Zuschauer zusammen, waren es doch fünf Mark und dafür bekam man schon etwas. Ein Teil jener illegalen Almosen fiel auf einige Jungen ab, die so pfiffig waren, hin und wieder Springer auf herannahende Polizisten aufmerksam zu machen. Stolz über ihren „Verdienst", gingen sie zum Metzger und erstanden sich Wurststummel. So trugen auch sie zum Familientisch bei. Wurst, welch ein lukullischer Genuß auf dem Tisch, an dem es gewöhnlich nur Margarinebrote gab!

Nicht alle konnten die 12 Meter von der Teufelsbrücke herab zwischen engen Felsen hindurch in die Bode springen. Dazu waren es zu viele, und für manchen wäre es sein letzter Sprung gewesen. Nur wenige hatten hierzu Mut. Andere fanden es reizvoller und unterhaltsamer, sich gegenseitig den Hunger mit Fäusten und Knüppeln, gelegentlich auch mit einem Bierglas, aus dem Leibe zu schlagen. Das waren die Vielen, ihre Zahl ging in die Tausende.

Wenn der Wind vom Osten wehte und den schmutzigen Rauch der sechzehn hohen Kamine ins Bodetal trieb, empfanden Ferien- und Wochenendgäste keine Freude. Nur der Arbeiter träumte dem Rauch nach — von besseren Zeiten, wo der Rauch der Schlote seiner Familie wieder Brot gäbe.

Die Nationalsozialisten versprachen Wohlstand und Glück. Manchen erschienen sie wie Retter. Viele trauten ihnen nicht. Mein Vater versprach sich nichts von ihnen. Er gehörte dem „Reichsbanner", einem sozialdemokratischen Verband, an. Zu ihm schien er aber auch nicht das rechte Vertrauen zu haben, denn er hielt das „Goldene Zeitalter" der Ernsten Bibelforscher (Zeugen Jehovas) für erstrebenswerter.

Das „Goldene Zeitalter" lockte auch zu sehr. In großer Aufmachung brachte es Bilder mit schlangestehenden Arbeitslosen, zeigte hungernde Kinder oder Elendsviertel großer Städte und verhieß: „In wenigen Jahren ist dies alles vergessen; dann ist das Paradies, die Goldene Zeit da! Gerade für die Elenden wird es von Gott erschaffen. Hoffet darauf, das ist euer wahrer Trost!"

In jenen Tagen des Elends, der politischen Verantwortungslosigkeit und Unsicherheit, klammerten sich meine

Eltern an diesen, wie sie meinten, einzigen Trost von Gott. Sie lasen das „Goldene Zeitalter" und zwangen sich von den Hungerpfennigen der Arbeitslosenunterstützung noch das Geld für die Bücher der Zeugen Jehovas ab.

Viele in der gleichen Lage handelten nicht anders. Die Organisation des amerikanischen Kaufmanns Russel und seines Nachfolgers „Richter" Rutherford wuchs im enttäuschten Deutschland zur größten nächst Amerika.

Die „Fürsten" dieser „Neuen-Welt-Gesellschaft" verstehen es sehr gut, die politische und soziale Unsicherheit der Völker auszunutzen. „Vertrauet nicht auf Fürsten, auf einen Menschensohn", hämmern sie den Bedrängten ein. „Ihr seht ja, wohin das führt! Ihr werdet ausgebeutet, unterdrückt und verführt. Höret auf uns, wir predigen Gottes Wort! Er hat verheißen, daß den Elenden das Königreich gehört, und wir predigen es, durch uns bringt es euch Gott! Die Kirchen dienen dem Kapitalismus und somit dem Teufel. Kommt zu uns, wir sind die wahren Christen!" — Und die Enttäuschten glauben es, klammern sich daran. Die Zeugenführer beobachten die Weltlage und stimmen ihre Wachtturmpropaganda geschickt darauf ab. Meine Eltern waren davon beeindruckt. Sie wurden Zeugen Jehovas. Nicht nur das „Goldene Zeitalter" lasen sie jetzt, auch der „Wachtturm" bereicherte sie. Wir Kinder bekamen die bunten Broschüren, und allein der bunten Bilder wegen wurden wir begeistert. Die Eltern waren nun eingespannt in das sogenannte Predigtsystem der Zeugen. Sie verteilten Literatur, besuchten Versammlungen und begannen in der Organisation aufzugehen. Sie glaubten, die „Wahrheit" gefunden zu haben und setzten sich mit allem, was sie besaßen, dafür ein.

Wir Kinder lernten zu „Jehova" beten. Wir empfanden es daran, daß der Weihnachtsbaum aus unserer Wohnung verschwand und der Osterhase nicht mehr kam. Was sollten auch diese „heidnischen" Sitten und Bräuche, die unser Kinderherz zwar so erfreuten, noch in unserer nun christlichen Familie! Wir trösteten uns mit dem Gedanken: Bald können wir in der Neuen Welt mit Wölfen, Bären, Tigern und ähnlichen Tieren spielen, die dann dem Menschen nicht mehr gram sind.

Die Verwandten begannen sich von uns zurückzuziehen. Meine Eltern seien zu fanatisch, meinten sie. Und so war es auch: Als Mutters Vater starb, gingen meine Eltern nicht einmal zur Beerdigung. Ein evangelischer Geistlicher amtierte ja, und das war ein „Diener des Teufels". Wie konnten Zeugen Jehovas, „wahre Christen", zu solch einer Beerdigung gehen — selbst des eigenen Vaters! „Er schläft ja nur kurze Zeit im Schoße der Erde", sagte meine Mutter, „dann werden wir ihn im Königreich Gottes auferstanden wiedersehen." — Geschwister wurden einander fremd. Sagte doch Jesus: „Wer Vater und Mutter, Weib und Kind nicht um meinetwillen verläßt, ist meiner nicht wert." Was machte es da aus, wenn Verwandte mit uns brachen. Es war ja eine Erfüllung der Worte Jesu!

Hitler war Reichskanzler geworden. In seinem krankhaften Haß gegen alles Jüdische, verbot er die Zeugen Jehovas auf Grund ihrer jüdischen Lehre und ihrer amerikanischen, in seinen Augen jüdischen Herkunft. Die Tätigkeit für die verbotene Organisation stand fortan unter Strafe.

Das Verbot schüchterte viele Anhänger der Zeugen ein, mehr noch die beginnende Verfolgung. Es kam zu Spannungen im deutschen Zweig der Zeugen: Die Leitung des Büros der Wachtturm-Gesellschaft versuchte Kompromisse, wurde aber von Brooklyn eines anderen belehrt. Balzereit[1]) mußte gehen und E. Frost[2]) organisierte um. Daraus erwuchsen Gegensätze in den Versammlungen. In Thale sprach der örtliche Dienstleiter gegen weitere Tätigkeit,

---

[1]) B. bis ca. 1935/36 Leiter des deutschen Zweiges der WTG im Magdeburger Büro.

[2]) F. Nachfolger von B. bis 1957. Jetzt verantwortlich für die deutsche „Wachtturm-Ausgabe".

mein Vater jedoch dafür. Er übernahm die Leitung der Versammlung. Das Ergebnis — eine weitere Spaltung. Man wünschte einen älteren Bruder, stritt um die Rangfolge, und von der einst großen Versammlung blieben nur noch wenige, die bereit waren, dem Kurs Brooklyns zu folgen.

Im Ausland begannen die Zweigstellen auf Anordnung Brooklyns mit einer ungeheuren Propagandawelle und verlangten in Tausenden von Telegrammen die Aufhebung des Verbotes unter Androhung der Vernichtung Hitlers durch Jehova, falls er nicht die Forderung der Zeugenführer erfülle. Hitler antwortete mit einer umfassenden Verhaftungswelle gegen alle bekannten Zeugen.

Jetzt schlugen die Führer und Anhänger der Zeugen Vernunft und Klugheit in den Wind. Unmengen an Büchern schmuggelten sie aus der Tschechoslowakei und der Schweiz nach Deutschland ein. Bei uns zu Hause war ein Bücherlager eingerichtet, an dem mein Großvater nach Verhaftung meiner Eltern drei Wochen zu verbrennen hatte.

Für uns Kinder blieben diese Verhältnisse nicht ohne Nachwirkung. Meine Klassenkameraden liefen hinter mir her und riefen im Sprechchor: „Pape, sag mal: Heil Hitler!" Das war noch zu ertragen; daß mein Lehrer, Sturmführer der SA, mich fast jeden Morgen schlug, war schon schlimmer; daß aber meine Eltern keine Zeit für uns hatten, weil sie jeden Tag etwas für die Zeugen tun mußten, war das Schlimmste. Oft saßen mein Bruder und ich eingeschlossen und spielten mit den schönen bunten Broschüren, „Was ist Wahrheit", „Freiheit", oder „Wohlfahrt sicher". Von Freiheit und Wohlfahrt aber erfuhren wir nicht viel. Abends ging es früh zu Bett. Unsere Eltern besuchten Versammlungen oder andere Besprechungen; dort gab es keinen Platz für Kinder.

Die Arbeitsverhältnisse waren besser geworden. Auch mein Vater hatte wieder Arbeit beim Bau eines Staudammes bekommen. Doch das Leben wurde für uns

Geschwister nicht besser. Alles diente der Zeugenidee, der bescheidene Lohn und die Zeit. Als einziger Lichtblick blieben die Schulferien. Da schickte man uns zu anderen Zeugen auf Erholung. In bescheidenem Rahmen lernten wir hier die Freuden kindlichen Spieles kennen.

Zeugen Jehovas, die den Hitlergruß verweigerten und bei jeder passenden und unpassenden Gelegenheit von Hitlers Vernichtung sprachen, erfreuten sich nicht lange der Arbeit; mein Vater wurde bald wieder entlassen. Und doch hatte er für uns noch immer keine Zeit, denn „alle Zeit gehört Jehova". Wir sahen ihn wenig. Die illegale Tätigkeit für die Versammlung nahm ihn sehr in Anspruch. Eines Nachts wurde er verhaftet. Meine Mutter folgte. „Zehn Monate Gefängnis" wegen Tätigkeit für die verbotenen Zeugen Jehovas lautete das Urteil.

Mein Bruder und ich kamen zu den Eltern unseres Vaters. Auch sie bekannten sich als Zeugen Jehovas, doch sie waren lange nicht so fanatisch und aktiv. Bei ihnen genossen wir mehr Freiheit. Hatten wir unsere Schulaufgaben fertig, dann durften wir mit unseren Altersgenossen zusammensein. Die Großeltern begegneten unseren Problemen aufgeschlossener und mühten sich nach ihrem Vermögen, uns Eltern zu sein. Ich liebte meinen Großvater mehr als meine Eltern — eigentlich vermißte ich sie gar nicht. Zehn Monate schwanden rasch dahin. Wie Ferien empfanden wir sie unter Großvaters Obhut. Kaum daß die Eltern zurückgekehrt waren, verhaftete man Vater bereits fünf Wochen später abermals. Bei einer Arbeitszuweisung hatte er geäußert, in einem Rüstungsbetrieb werde er nicht für Hitler arbeiten. Als unverbesserlicher, fanatischer Zeuge Jehovas wurde er in Schutzhaft genommen und ins Konzentrationslager gebracht.

Noch immer schrien meine Mitschüler: „Pape, sag mal: Heil Hitler!" Mein jetziger Lehrer dagegen versuchte nicht mehr, mich mit Schlägen zu bekehren. Im Elternhause war es noch unerträglicher geworden. Die Mutter fühlte sich jetzt erst recht verpflichtet, Jehova als einzige Rettung zu verkünden, und das in jeder freien Minute, die ihr blieb. Schon vorher besaßen wir wenig Geld für den Lebensunterhalt, jetzt hatten wir keines mehr. Almosen unserer Glaubensbrüder deckten nun den Tisch. Bescheidener als zuvor; gerade so, daß wir nicht verhungerten.

Die Lehre der Zeugen Jehovas war auch mein Lebensinhalt geworden — soweit das ein Junge meines Alters verstehen konnte. Wir fühlten uns als Märtyrer, war doch Christus selbst arm gewesen! Hatten nicht auch die Apostel gelitten? Jehova hielten wir die Treue, mochte kommen, was wollte. Tapfer ertrugen wir unser Geschick.

Das Jugendamt duldete nicht mehr länger, daß meine Mutter uns im Glauben der Zeugen erzog. Vor dem Amtsgericht Quedlinburg fand der Prozeß betr. Entzug des Sorgerechts meiner Eltern statt. Ich stand vor dem Richter, der mich fragte, warum ich nicht „Heil Hitler" grüßte. Erstaunt kam meine Antwort: „Wissen Sie denn nicht, was in der Apostelgeschichte 4, Vers 12 steht?"

Das Sorgerecht wurde meinen Eltern entzogen; wir mußten zum Jungvolk, der Kinderorganisation Hitlers. Wenige Wochen später war auch die Mutter wieder verhaftet. „Illegale Tätigkeit für die Sache der Zeugen", lautete die Anklage zur Begründung eines scharfen Urteils: vier Jahre Gefängnis mit anschließender Schutzhaft in einem Konzentrationslager.

Zu einer Zeugin hatte Mutter gesagt: „Jehova wird für meine Kinder sorgen", — und wir kamen ins Armenhaus. Es lag eine halbe Stunde Wegs außerhalb der Stadt und beherbergte alte Leute, verkommene, am Leben gescheiterte Menschen, Kinder aus asozialen Verhältnissen. Homosexuelle fanden sich darunter. In solcher Umgebung sollten wir nun leben! Die Schwestern kümmerten sich kaum um uns. Hier erlebte ich die furchtbarsten Jahre meiner Kindheit. Daß ich sie ohne großen Schaden überstanden habe, erscheint mir noch heute wie ein Wunder.

Über meinen täglichen Problemen im Armenhaus trat die Lehre meiner Eltern mehr und mehr in den Hintergrund. Das Leben dort brachte nicht nur seelische Leiden, auch körperlich ging vieles über unsere Kräfte.

Inzwischen war der Krieg ausgebrochen. Unser Essen wurde schlechter, der Einfluß der Schwestern nicht stärker. Fast den ganzen Tag blieben wir uns selbst überlassen.

Der Tag meiner Schulentlassung brachte eine Wende. Ich begann eine kaufmännische Lehre, ein Ziel, das vorher noch niemand aus diesem Hause erreicht zu haben schien. Mein Lehrherr schickte mich in die Filiale nach Quedlinburg und besorgte dort für mich ein Zimmer. Hier wurde mein Leben erträglicher. Zum ersten Male, möchte ich sagen, ging ich aus mir heraus, und meine Leistungen stiegen. Wenn ein Kaufmann viele Filialen hat, wird das Personal oft umhergeschoben. Wegen meiner guten Leistungen war ich bald wieder in Thale: ein anderes Zimmer und andere Menschen.

Ein altes Fahrrad war mein erster eigener Besitz. Damit wollte ich die Schönheit meiner Heimat entdecken. Jede freie Stunde war ich unterwegs. Mein Taschengeld von vierzig Mark brachte ich Monat für Monat zur Sparkasse und bald konnte ich mir den ersten Urlaub leisten. Lange saß ich über die Harzwanderkarte gebeugt und legte die Reiseroute fest. Dann endlich – ein kritischer Blick auf das Fahrrad, und los ging's! Glücklich strampelte ich durch die weiten Wälder, sauste steile Straßen zu Tal – um wenig später mein Rad wieder auf schmalen Waldwegen mühsam bergan zu schieben ... War ich der Welt entrückt? Mir schien es so, als ich auf dem Gipfel des Brockens stand. Verloren schweifte mein Blick über das weite Land. Ganz glückversunken stand ich da auf dem Berg und sog das Bild der Täler, Berge, Dörfer und Städte unter mir in mich hinein. Konnte es in dieser Welt irgendwo Krieg geben? War mein Erleben nicht Wahrheit? – oder etwa aller Friede nur ein Traum? Dann wollte ich diesen Traum genießen! Könnte ich doch immer so stehen! Hätte ich doch immer dieses Bild des Friedens und der Erhabenheit vor mir! Was bedeutete die Vergangenheit vor einer solchen Gegenwart! ... Es war ein Traum, — ein schöner Traum, der mir half, die täglichen Sorgen zu tragen.

Sonntag, verschneit das Land; sechshundert Kilometer von daheim entfernt. Ich liege im Bett. Ein Horn hat zum Wecken gerufen, der Dienstplan rollt ab, ich bin im Arbeitsdienst. Das Horn allerdings stört mich nicht, das gilt nicht für mich, ich bin Ordonnanz in der Führermesse und habe einen eigenen Dienstplan. Heute muß ich erst um neun Uhr antreten. Vierzehn Tage habe auch ich auf das Horn achten müssen, bis mich mein Zugführer als Ordonnanz bestimmt hat. Nur hin und wieder muß ich am üblichen Ausbildungsdienst teilnehmen. Die Führer hatten meinen Lebenslauf erfahren — und offensichtlich waren sie nicht gut auf Hitler zu sprechen.

Kurz bevor die Abteilung nach drei Monaten Ausbildung der Wehrmacht übergeben wird, erfahre ich, was dann mit mir geschehen soll. Zum Vormann befördert, verbleibe ich im Arbeitsdienst als Ausbilder. Zuerst tue ich mich schwer in der neuen Abteilung in der Tucheler Heide. Doch von meinen Kameraden lerne ich bald das Nötigste. Und erst im März 1945 werde ich zur Wehrmacht einberufen.

Die Front befindet sich schon in Auflösung, als ich in Mecklenburg eingesetzt werde. Im Gewehr- und Granatfeuer fallen um mich Knaben und Männer. Der Boden saugt ihr Blut. Ihr Sterben geht ans Herz. Ich bin jung, ich will nicht sterben, nicht hier sterben. Doch was kann man gegen den Tod tun? Nichts!

Wo ist Gott? Nur noch selten denke ich an ihn. Aber man soll in unpassenden Situationen nicht träumen. Ein russischer Panzer steht keine vierzig Meter vor mir. Meine Panzerfaust ist gerichtet. Ich schieße sie nicht ab. Noch nicht! Du tötest, Günther, du tötest! Aber ich will doch leben! ... Im Bersten des Ungetüms glaube ich mein Ende.

Ich hatte abgedrückt — getroffen — getötet. Ich lebe, aber mit welcher Schuld! Tränen rinnen mir übers Gesicht und Zorn packt mich, Zorn gegen mich selbst. Schwächling! Warum habe ich vergessen, was mich meine Eltern lehrten, was Gottes Gebot ist? . . . Du sollst nicht töten!

Ich kannte es und war zu feige, dafür einzustehen. Viele Zeugen Jehovas hatten unter den Hinrichtungskommandos der SS ihr Leben gelassen, und ich machte mir kaum Gedanken, als ich der Einberufung zum RAD Folge leistete.

Wenige Tage danach war ich in englischer Kriegsgefangenschaft. Dort hatte ich hinreichend Gelegenheit über mein Handeln nachzudenken. Doch ich kam zu keinem Schluß. Gab es noch etwas wiedergutzumachen? Konnte mir Jehova meine Schuld vergeben? Mit zerrissenem Herzen sah ich meiner Entlassungsstunde entgegen.

Thale hat sich wenig verändert, wenigstens in der Stadt. Die Menschen jedoch sind verstört, scheinen gebrochen. Wenige nur jubeln über den Untergang des Tyrannenreiches. Die Amerikaner verlassen unsere Stadt, die Russen kommen. Sie unterscheiden sich voneinander nur durch Uniform und Sprache. Als Sieger benehmen sie sich beide gleich, beschlagnahmen Häuser, verhaften kleine Parteimitglieder und helfen den ehemaligen KZ-Häftlingen. Von meinen Eltern fehlt noch jede Spur. Man fragt mich nach meinem Vater. Er soll zweiter Bürgermeister werden. Ich weiß nichts von ihm. Meine Mutter wollten einige Häftlinge in Ravensbrück noch nach der Befreiung gesehen haben. Sie ist noch nicht zurückgekommen.

Mein Bruder kam schon einige Wochen vor mir aus der Gefangenschaft zurück. Auf dem Rathaus beantragen wir eine Wohnung für die Eltern und uns. Als Opfer des Faschismus erhalten wir sie ohne viele Umstände und richten sie ein; unsere Möbel lagerten auf einem Speicher. Aber die Eltern, sie fehlten uns noch. Dieter, mein Bruder, hat seine Forstlehre wieder aufgenommen, und ich finde eine Beschäftigung als Waldarbeiter. Jetzt will auch ich Förster werden. Die Möglichkeit dazu besteht.

Die Verhältnisse werden ruhiger. Es verkehren wieder Züge, wenn auch vorerst nur auf kurze Strecken und unvorstellbar überfüllt. Man ist zu dieser Zeit froh, zehn Kilometer auf dem Dach eines Wagens mitfahren zu können.

Und wieder einmal ist Sonntag. Mit unsern Großeltern sitzen wir am Kaffeetisch. Wir unterhalten uns über meine Eltern. Noch immer kein Lebenszeichen von ihnen. Doch die Hoffnung haben wir nicht aufgegeben. Es kommen immer noch ehemalige Häftlinge, obwohl es schon Juli ist. Da klopft es, eine Frau steht in der Tür. Wir kennen sie nicht. Kurzes Haar, fremde Kleidung. Mit Tränen in den Augen kommt sie auf uns zu: es ist unsere Mutter. Auch sie hat uns nicht erkannt. Auf der Straße wären wir aneinander vorbeigegangen. Hier aber, weiß sie, können nur ihre Söhne am Tisch sitzen. Keiner kann ein Wort sprechen. Wir umarmen uns. — —

Das Leben bekommt wieder einen Sinn. Wir arbeiten für unseren Lebensunterhalt und warten auf den Vater. Er kommt nicht

Die Versammlung der Zeugen Jehovas wird neu organisiert. Unsere Mutter lebt wieder voll und ganz für die Anliegen der Zeugen. Gedruckte Literatur gibt es noch nicht. So vervielfältigen wir die alten Wachttürme und Broschüren. Zweimal in der Woche finden Versammlungen statt.

Im September treffen weitere ehemalige Häftlinge bei uns in Thale ein. Sie kommen aus Sachsenhausen und bringen die Nachricht, unser Vater sei bei einem Bombenangriff im April umgekommen. Jäh brechen alle Hoffnungen zusammen.

Mutter tröstet uns, man merkt ihr kaum den Schmerz an. „Vater gehört zu den einhundertvierundvierzigtausend Auserwählten und ist jetzt bei Christus im Himmel. Er

15

gehört jetzt zur Regierung der Neuen Welt und darauf können wir stolz sein. Er sieht alles, was wir tun, und darum müssen wir uns ihm würdig erweisen." Ich fühle mich sehr schuldig und bemühe mich, gut zu lernen. Kann ich meine Schuld sühnen? So tat ich den Schritt, der über zehn Jahre mein Leben bestimmen sollte.

Aktiv als Zeuge Jehovas

Eine neue Zeit, eine Zeit gewaltiger Umwälzungen begann. Deutschland war in den Staub getreten. Die materielle und geistige Not unseres Volkes war unbeschreiblich. Die Besatzungsmächte ließen mit ihren Programmen wenig Hoffnung. Nur wenige glaubten im Sommer 1945 an eine Zukunft. Kein Lichtschimmer zeigte sich.

In diese Finsternis ließen die Zeugen Jehovas die Sonne der Hoffnung strahlen: Jehovas Königreich! Wir predigten: „Vertrauet nicht auf Fürsten, auf die Könige der Welt!" Die Leidgeprüften und Gebeugten zeigten sich diesmal eher geneigt zu glauben. Jehovas Zeugen waren für ihren Glauben in den Feuerofen der Konzentrationslager gegangen. Gott errettete sie. Jehovas Zeugen sind Gottes „wahre Diener"; das bildete unser glaubwürdigstes Argument. Wir organisierten neue Verkündigergruppen. Die Arbeit ging voran. Man bewunderte die Standhaftigkeit der Zeugen unter Hitler. Immer wieder hörten wir bei unseren Besuchen an den Türen die Worte: „An euch muß etwas sein. Obwohl ihr soviel ausgestanden habt, seid ihr von Hoffnung erfüllt. Wenn alle anderen den Mut sinken lassen, ihr predigt mit strahlenden Augen."

Wie zaghaft klingelte ich an der ersten Tür, und wie stolz kehrte ich von meiner ersten Predigtreise zurück. Die meisten Zuhörer bewunderten meinen Mut, Hoffnung in die Herzen der Verzagten zu legen. Der Erfolg meiner Predigt beruhigte auch mich. Gott hatte mir doch sicher vergeben, wäre es sonst möglich, solchen Trost zu bringen? Oft traf ich einen ehemaligen Nationalsozialisten, der vor Furcht zitterte, wenn ich an seine Tür klopfte, und zusehends ruhiger, ja getröstet wurde, wenn ich zu ihm von Jehova und seinem Königreich sprach. Die wenige Literatur reichte nicht aus, um den Hunger nach unserer Botschaft zu stillen. Noch war ich nicht getauft, und schon predigte ich jeden Tag.

Unser Familienleben entwickelte sich nicht nach meinem Sinn. Vater war tot. Mutter dachte nicht dâran, ein trautes Heim zu schaffen. „Jehova hat mich aus dem Konzentrationslager befreit, damit ich predigen kann, aber nicht, damit ich meinen Söhnen den Haushalt führe."

Wollte Gott, daß wir kein Familienleben kennenlernen sollten? Nach der Meinung der Mutter sollten wir in der neuen Welt für alles entschädigt werden. Darüber blieb eine Enttäuschung in mir zurück. Wie sehnte ich mich nach einem Heim, nach Familienglück. So blieb der Predigtdienst meine ganze Hoffnung. Ich trat in den Pionierdienst. Auch mein Bruder verließ seine Lehre und wurde Pionier.

Welche Gnade erwies uns Gott, wir durften in den Vollzeitdienst, ohne getauft zu sein. Ich fühlte mich glücklich! Endlich, am 6. Juni 1946, wurde ich getauft. Von allen Seiten nahm ich herzliche Glückwünsche entgegen. Da die Eltern acht und neun Jahre im Konzentrationslager verbracht hatten, setzte man große Hoffnungen auf uns. Mein „Kurs im theokratischen Dienstamt" gestaltete sich zu einem einzigen Erfolg. Kaum beendet, wurde ich Schuldiener[1]) in Quedlinburg. Eben noch junger Schüler, heute schon junger Lehrer.

Oktober 1946. Ich erhielt einen Brief:

Lieber Bruder Pape!

Die Wachtturm-Bibel- und Traktatgesellschaft (Watch Tower Bible and Tract Society) ist jene Korporation, deren sich der Herr seit ihrer Gründung bedient ... Wir bestätigen Dich daher in Deinem Dienste als Prediger des Evangeliums und Missionar der Wachtturm-Bibel- und Traktatgesellschaft (Watch Tower Bible and Tract Society) ...

Unsere herzlichen Grüße und Wünsche und unsere täg-

---

[1]) Schuldiener = Unterweiser im „Kurs im theokratischen Dienstamt".

18

lichen Gebete begleiten Dich allezeit auf Deinem Wege
treuer Mitarbeit.

Deine Mitbrüder im Dienste des theokratischen Königs

gez. Watch Tower B. & T. Society

Ich hielt meine Bestätigung als Sonderpionier in der Hand. Das war ein Höhepunkt in meinem Leben. Wie glücklich war ich! Durfte ich nicht mit Recht annehmen, daß mir Gott vergeben hatte? Drum mutig weiter voran! Schon seit dem Frühjahr verwaltete ich in Blankenburg das Amt des Versammlungsdieners. Besondere Schwierigkeiten bereitete mir eine alte Schwester, die noch an der Lehre des ersten Präsidenten der Gesellschaft, Russel, hing. Sie anerkannte den Wachtturm in seiner jetzigen Gestalt nicht. Wegen ihres Alters besaß sie eine gewisse Autorität. So manche lehrmäßige Auseinandersetzung zwischen uns beeinträchtigte die Arbeit.

Doch die Versammlung wuchs. Wie freute ich mich, die Verkündigerschar in den Dienst ziehen zu sehen. Doch in meine Freude mischte sich ein Tropfen Bitterkeit. Ich mußte lernen, daß mit der Größe der Versammlung auch ihre Probleme wuchsen. Lebten wir in kleinem Kreis voll Eintracht und Frieden, sah das in einem größeren Kreis schon anders aus. Die Wachtturmführer forderten von den Brüdern den eingesetzten Dienern gegenüber absoluten Gehorsam. Die älteren Brüder in Blankenburg fühlten sich wegen meiner Jugend jedoch zurückgesetzt. Sie begannen zu intrigieren. Einmal wurden diese Intrigen von einer älteren Schwester, einmal von einem Bruder angezettelt. Zuerst versuchte ich dem mit Milde zu begegnen. Es wurde mir als Schwäche ausgelegt.

Mein Rednertalent schaffte wenigstens für die Stunden der Zusammenkunft den Zwist aus der Welt. Da verstand ich alle zu fesseln. Danach aber flammte der Klatsch von neuem auf. Es gab immer solche, die zu mir standen, und solche, die alles gegen mich versuchten. Mit dem Wachstum der Versammlung zeigte sich eine immer deutlichere Spaltung. Man schrieb Briefe an das Bibelhaus in Magdeburg, in denen man gegen mich die wildesten Anschuldigungen erhob. Jedoch die Schreiber bedachten nicht meinen Vertrauenskredit, den ich dort noch hatte. Fast jedesmal bekam ich die Briefe zu lesen. Wer schrieb sie? Ausgerechnet immer die, welche ihren Brüdern und Schwestern ins Ohr flüsterten, „ob wir wohl doch nicht einem Phantom nachlaufen?". Ich konnte nun nur noch hart durchgreifen.

Oft lag ich abends auf den Knien und flehte zu Jehova um Kraft und Beistand. Ich stand allein, meine Zuflucht bildete nur das Gebet. Manche Nacht wälzte ich mich schlaflos auf dem Sofa. — Was machte ich verkehrt? Ich studierte die Brooklyner Anweisungen, las in der Bibel. Aber die Lösung fand ich nicht. Es brachte nur geringen Trost, daß in anderen Gemeinden ähnliche Schwierigkeiten herrschten, obwohl dort ältere Brüder wirkten.

Doch nicht genug des Kummers! Ich selbst bereitete mir noch mehr. Ich verliebte mich! Eine Schwester lud mich öfters zum Essen ein. Dabei lernte ich ihre Tochter kennen. Es entstand eine gegenseitige Zuneigung. Aber durfte ich das? Stellten sich nicht meine Mutter und die Magdeburger Brüder dagegen? Für Liebe ist in dieser Zeit kurz vor Harmagedon[1]) kein Platz. Die Liebe hatte Zeit, bis die Neue Welt anbrach. Jetzt beeinträchtigte so etwas nur unseren Dienst für Jehova. Als die Zuneigung bekannt wurde, begann die Spitzelei. Der Kreisdiener kam, er wußte fast über jedes Treffen mit Christa Bescheid. Er rechnete mir vor, wie viel Zeit da verlorengegangen sei, mit unnützen Dingen vergeudet. Zudem sei Christa keine Frau für mich. Sie ginge ins Kino, ginge tanzen, und daraus sähe man doch, daß sie die nichtigen Dinge der Welt mehr liebe als Jehova. Stimmt, sie ging ab und zu ins Kino und ab und zu auch zum Tanzen. Doch sie besuchte die

---

[1]) Harmagedon, bei den Zeugen die Schlacht Gottes, in der er die gottesfeindliche Welt vernichtet.

Zusammenkünfte regelmäßig, ging in den Predigtdienst. — Man konnte ihr nichts Nachteiliges nachsagen. Ich sah keinen Grund, mit ihr zu brechen. Ich liebte sie, wer sollte mir das verbieten?

Durch meine wöchentlichen öffentlichen Vorträge machte ich mir den evangelischen wie den katholischen Pfarrer zum Feind. „Geschäftstüchtige Männer in schwarzen Talaren" hatte ich sie genannt. Sie blieben mir die Antwort nicht schuldig. Das Kirchenblatt nannte uns „falsche Propheten" und warnte vor uns. Um öffentlich einen eindrucksvollen Sieg zu erringen, lud ich den Propst zu einer Aussprache vor einem ausgewählten Kreis von Theologen, Studenten und Zeugen Jehovas ein. Er nahm an. Mit meiner Redefertigkeit und meinem Bibelwissen muß er jedoch nicht gerechnet haben; denn das Ende war für ihn äußerlich ein Mißerfolg. Bald interessierte sich der zuständige Offizier der sowjetischen Kommandantur für mich. Hieraus ergaben sich ernste Zusammenstöße mit der Kommandantur. Man verlangte von mir, in Zukunft jedes Manuskript vom Religionsoffizier genehmigen zu lassen. Doch ich dachte nicht daran. Wir hatten Religionsfreiheit, warum dann eine Zensur meiner Predigten? Jede Woche stritt ich mich stundenlang mit Leutnant Magnitzki oder seinem Vorgesetzten. Oft holte mich die Polizei, um mich den Russen vorzuführen. Gestattete mir die Polizei einmal die Einladung zu einem Vortrag, wurde die Genehmigung tags darauf widerrufen. Probleme in der Versammlung, Probleme privat, Probleme auf der Kommandantur!

Auf Veranlassung der Brüder in Magdeburg richtete ich eine Eingabe an die sowjetische Militäradministration in Karlshorst. Sie brachte mir einige Wochen Ruhe. Dann begann das Spiel von neuem. Immer wieder betonte ich, daß die Religionsfreiheit gewährleistet sei, und ich deshalb Vorträge ohne Zensur halten könne. Von den Behörden war ich als Geistlicher im Sinne des Gesetzes anerkannt. Ich bekam die entsprechende Lebensmittelkarte und verlangte, jetzt auch gemäß Gesetz predigen zu können. Man sandte Stenographen in meine Vorträge und hielt mir nun vor, ich hätte gesagt, die einzige Hoffnung der Menschheit sei nicht die UNO, sondern das Königreich Gottes, und das sei Politik. Ich verteidigte mich, die Religion müsse darauf bestehen, zu aktuellen Gegenwartsfragen Stellung zu nehmen. Das sei keine Politik in dem Sinne, wie mir das vorgeworfen würde.

Mein Ansehen in der Versammlung festigte sich wieder. Mein Predigtdienst zeitigte, gemessen am Wachstum der Versammlung, Erfolge. Mein Glaube an Jehova und mein Eifer für ihn glühte unerschüttert. Ich fühlte mich bereit, alle Konsequenzen auf mich zu nehmen, auch wenn ich ins Gefängnis kommen sollte. Und doch war etwas in mir, das mir die Ruhe raubte. Mir fehlte ein Mensch, der mich verstand. Manche bewunderten, andere beneideten, manche fürchteten mich. Doch Liebe konnte ich nur bei wenigen Brüdern erringen. Die Intrigen gegen mich entfalteten sich zu stark. So stand ich trotz der Versammlung allein. Ich liebte Christa und durfte es nicht zu sehr zeigen. War denn das Heiraten verboten? Warum also erst in der Neuen Welt heiraten? Jetzt und hier brauchte ich einen Gefährten. Es kostete einen schweren Entschluß, offiziell um die Hand Christas anzuhalten. Was würde es für Folgen haben?

Die Verlobung fand in engstem Familienkreise statt. Meine Mutter und die Führer in Magdeburg wehrten sich dagegen. Als sie meinen unbeugsamen Willen sahen, gaben sie nach, drohten aber mit Sanktionen. Ich war zur Heirat entschlossen. Meine Pflichten erfüllte ich nach wie vor.

Am 1. März 1948 stand ich vor dem Standesbeamten. Das Ja wurde gesprochen. Ich war verheiratet! Der Traum eines eigenen Heimes fand jetzt seine lang ersehnte Erfüllung. Doch ohne Schwierigkeiten war dieser Tag nicht gekommen. Der deutsche Zweigdiener Erich Frost machte mir kurz zuvor in Magdeburg anläßlich der Einweihung des neuen großen Königreichsaales eine fürchterliche Szene. Wo ist das Heiraten verboten, fragte ich ihn. Weder der Wachtturm noch die Bibel haben ein solches Verbot ausgesprochen. Nun, die Tatsache meiner Heirat ließ sich nicht mehr aus der Welt schaffen.

Das Leben wurde für mich anders, erträglicher und ruhiger. Lange sollte dieser angenehmere Zustand nicht anhalten. Die politische Lage in der Zone spitzte sich zu. Von der russischen Kommandantur erhielt ich die erste Strafe von dreihundert Reichsmark. Der Kampf um unsere Religionsfreiheit begann. Ich stand in der vordersten Front. Vom Bibelhaus in Magdeburg kamen Anweisungen, über die ich den Kopf schüttelte. Sie konnten die Lage nicht entspannen, sondern eher auf die Spitze treiben. Sollten wir das Exempel dafür liefern, wie weit die Behörden gegen die Zeugen vorzugehen wagten? Die folgende Herausforderung beantworteten die Russen mit einem Verbot der Zeugen im Kreis Blankenburg. Wir wollten das Gebot einfach ignorieren, aber wir konnten kaum noch einen Versammlungsraum finden. Kein Wirt vermietete uns mehr einen Saal für einen Vortrag. Sie wußten über die Vorgänge, über Umfang und Zweck der Polizeiaktion sehr genau Bescheid. Nur einmal noch fand sich einer, der offensichtlich nicht unterrichtet war, bereit, uns seinen Saal zu vermieten. Handzettel wurden illegal gedruckt und verteilt. Als der Vortrag jedoch beginnen sollte, sperrte die Polizei den Saal.

Einige Tage darauf waren wir in meiner Wohnung versammelt und hatten gerade unsere Betrachtung mit Gebet eröffnet, als zwei Polizeibeamte mit Leutnant Magnitzki von der Militärkommandantur eindrangen. Alle Anwesenden wurden festgenommen, jedes weitere Sprechen verboten. Vergeblich berief ich mich auf die gesetzlich garantierte Religionsfreiheit, man führte uns ab. Ich mußte mit dem Schlimmsten rechnen.

Am anderen Morgen begannen die Verhöre. Gegen Mittag

wurde ich wieder in die Zelle geführt. Kurze Zeit später entließ man uns. Hatte Jehova uns befreit?

Bald gab es erneut Schwierigkeiten mit den Behörden. Wir richteten deshalb einen illegalen „kirchlichen Nachrichtendienst" ein. Adressen von Landräten, Bürgermeistern, Parteifunktionären und sonstigen wichtigen Personen wurden von uns gesammelt, Skizzen unseres Missionsgebietes, in denen Straßen, Häuser, Betriebe, öffentliche Gebäude und anderes mehr eingezeichnet waren, angefertigt. Das sollte sich später verhängnisvoll für viele Brüder auswirken. Sie wurden der Spionage verdächtigt.

Doch vorerst waren wir bereit zu kämpfen. Aus dieser Kampfstimmung entstand auch eine Resolution an die Regierung der DDR, man legte sie auch uns zur Abstimmung vor. Keiner von uns überdachte die Tragweite dieser unbesonnenen Handlung. In der Resolution hieß es:

„Dagegen gibt es andere Beispiele in der Bibel, welche zeigen, daß Beamte mit Jehovas Zeugen freundlich verfahren sind, was ihnen eine andere Behandlung von seiten Gottes eintrug, als jener tyrannische Herrscher von Ägypten erfuhr. Jehova behütete, beschützte und befreite solche Beamte wegen des ‚Glases kalten Wassers' der Hilfe, das sie seinen Zeugen reichten. Wir hoffen, daß die Beamten der Deutschen Demokratischen Republik nach der Gunst Jehovas trachten werden, indem sie Jehovas Zeugen gerecht behandeln. Tun sie dies, so mögen sie sich freuen, wenn sie feststellen, daß sie zur ‚Rechten' von Christus Jesus gestellt und in die ‚Schaf'-Klasse der Menschen eingereiht worden sind, die für die Segnungen Jehovas bereitstehen."

(Aus der Petition von Jehovas Zeugen in Ost-Deutschland an die Regierung der Zone vom 10. Juli 1950.)

Wie sollten die Regierungsbeamten der Ostzone Jehovas Gunst erringen, wenn sie nun von der Verfolgung abließen? Das war doch gar nicht möglich! Hier taten die Magdeburger offensichtlich etwas, was absolut nicht mit dem „Wachtturm" übereinstimmte. Nach der Lehre des „Wachtturm" kann man nicht gerettet werden, nur weil man von der Verfolgung der Zeugen absteht. Nach seinem Urteil sind doch alle Staatsbeamten, soweit sie nicht Zeugen Jehovas sind, Diener des Teufels.

Die Resolution wurde von den Versammlungen in Ost-Deutschland bedenkenlos angenommen, sogar einstimmig, wie es hieß. Das konnte Jehova nicht bewirkt haben. Warum ließ er es aber zu? Das erste Mal regten sich leise Zweifel an der göttlichen Führung der Gesellschaft.

Kurze Zeit danach besuchte ich das Bibelhaus in Magdeburg. Ein mir gut bekannter und verantwortlicher Bruder erzählte mir, daß die Verfasser der Resolution, Erich Frost und seine engsten Mitarbeiter, von Bruder Knorr in Brooklyn schwer gerügt worden seien, weil sie eigenmächtig gehandelt hätten.

Eine neue Anweisung erging an die Versammlungen. Nach den Richtlinien von Brooklyn wählte Erich Frost drei Brüder, die nun von den Versammlungen beauftragt werden sollten, mit der Regierung der DDR zu verhandeln. Die Beauftragung der Versammlungen erfolgte, die Verhandlung fand jedoch nicht mehr statt, da die Regierung die Tätigkeit der Zeugen Jehovas verbot. Die Brüder in Magdeburg wurden zum größten Teil verhaftet, das Bibelhaus geschlossen.

Hier bekamen wir die Antwort auf die herausfordernde Petition, die in ihrem ersten Teil der Regierung die Vernichtung angedroht hatte.

31. August 1950. Ich saß in meiner Wohnung und las. Ungefähr um 19 Uhr klingelte es bei uns. Die Polizei kam zu mir. Der Chef der Kreiskriminalpolizei zeigte mir den Haussuchungsbefehl. Alles, was nur den Charakter eines religiösen Buches trug, wurde beschlagnahmt. Sogar meine wertvolle Bibelsammlung mit alten Bibeln und Konkordanzen. Ich selbst mußte die Polizei begleiten. Als ich mich von meiner Frau verabschiedete, dachte ich, daß es dieses

Mal für eine längere Zeit sei. Eine Verhaftungswelle durchlief die ganze Zone. Überall wurden die verantwortlichen Brüder der größeren Versammlungen aus den Wohnungen oder vom Arbeitsplatz geholt.

Unser Königreichssaal befand sich in einem Geschäftshaus auf dem Marktplatz. Dort bewahrten wir die Karteien mit den Namen der Verkündiger und der Interessierten auf.

Von Magdeburg war wenige Tage vorher die Anweisung ergangen, die Karteien zu vernichten. Meine persönliche Kartothek lag schon in Asche. Um die Versammlungskarteien brauchte ich mich nicht zu kümmern. Die Verantwortung trug Bruder Alfred.

Vom Kreispolizeikommissariat führten mich die Beamten in unseren Königreichssaal und durchsuchten ihn in meiner Gegenwart. Was an Büchern und Zeitschriften noch da war, wurde beschlagnahmt. Aber diese suchten sie eigentlich nicht, sondern die Kartei. Doch die ließ sich nicht auffinden. Ein Beamter begann die Türen zu versiegeln, und der Polizeichef fragte mich nach der Kartei. Ich behauptete, sie existiere nicht mehr, in der Überzeugung, sie sei schon verbrannt worden. Da machte sich einer der Beamten auch noch am Ofen zu schaffen — und entdeckte darin die Karteien. Triumphierend hielt er sie mir vors Gesicht und las mir die Adressen der Verkündiger und Interessierten vor, die ich bei einem Verhör vorher nicht hatte kennen wollen. Wie ich später erfuhr, hatte die Volkspolizei bei allen, deren Adressen in unserer Kartei vermerkt waren, Haussuchungen durchgeführt.

Auf dem Kreispolizeiamt ging das Verhör weiter. Ich merkte heraus, daß die Volkspolizei mich für den Versammlungsdiener von Blankenburg hielt. Warum sollte ich auch den Irrtum berichtigen? Es genügte doch, wenn sie mich vorerst festhielten! Das Verhör dauerte schon bis nach Mitternacht, als ein anderer Beamter Bruder Alfred brachte. Er wurde mir gegenübergestellt und gefragt, wer der Versammlungsdiener sei. Er zeigte auf mich und sagte: „Herr Pape!" Ich nickte nur. Dann kam der Triumph der Polizisten. Sie besaßen ja die Kartei und wußten, wer das Amt des Versammlungsdieners verwaltete. Bruder Alfred mußte es sich gefallen lassen, von den Beamten Feigling genannt zu werden. Mir hielten sie vor, Jehovas Zeugen wären doch nicht so wahrheitsliebend, denn ich hätte ja auch gelogen, ich sei ja nicht für Blankenburg verantwortlich. Was blieb da zu sagen? Um 2 Uhr nachts eröffnete mir ein Offizier, den ich kannte, ich könne jetzt nach Hause gehen, noch liege kein Haftbefehl vor. Heute sei Sonntag, da erhielten sie keinen solchen Befehl. Er lege mir nahe, Blankenburg sofort zu verlassen.

Meine Frau hatte nicht mehr damit gerechnet, daß ich wiederkäme. Überglücklich öffnete sie mir die Tür. Was jedoch in der Zone sonst noch geschehen war, konnte ich vorerst nicht erfahren. Mit dem Rad fuhr ich sofort zu meiner Mutter nach Hötensleben, um mich mit ihr zu besprechen. Ich traf sie nicht mehr an. Sie war nach Schöningen in den Westen geflüchtet.

Auch ich fand schnell einen Führer über die Grenze. Nach einer längeren Diskussion mit den Brüdern in Schöningen, entschloß ich mich, im Westen zu bleiben. Aber erst wollte ich noch einmal in die Zone zurück, um meine Frau und meine Tochter zu holen. Allein konnte ich sie dort nicht lassen, wer weiß, was geschehen konnte, wenn ich sie dort ließe. Alle beschworen mich, meine Freiheit nicht aufs Spiel zu setzen. Doch ich fuhr. In Oschersleben bat ich einen Freund, meine Frau und meine Tochter von Blankenburg zu holen. Weiter brachte ich sie dann selbst. Tags darauf konnten wir gemeinsam über die Grenze gehen. Vom Flüchtlingslager in Uelzen benachrichtigten wir meine Schwiegereltern von der geglückten Flucht.

Dunkel war die Zukunft. Wir besaßen nur noch, was wir auf dem Leibe trugen — und das Vertrauen auf die Führung Jehovas. Wie würde diese Zukunft aussehen?

Erste Zweifel regen sich

Flüchtlingslager Uelzen! Tausende von Menschen auf engstem Raum in Baracken. Alles findet sich hier ein: Abenteurer, Kriminelle, Asoziale, Menschen, die noch vor wenigen Tagen wegen ihrer politischen Meinung um ihre Freiheit bangten, und Zeugen Jehovas.

Not und Elend ohne Grenzen. In einer großen Wellblechbaracke fanden auch wir mit Hunderten von Männern, Frauen und Kindern Unterkunft. Schamlose lagen sogar am Tage mit ihren und anderen Frauen im Bett, ohne sich um die Kinder zu kümmern. Nachts gab es kaum eine Stunde wirkliche Ruhe. Hier Streit, dort Kindergeschrei. Die wenigen Ordnungskräfte konnten nicht überall eingreifen, wo es not tat. Wer nicht auf seine wenigen Habseligkeiten achtgab, konnte auch diese schnell loswerden. Wer wollte bei solchen Menschenmassen die genaue Kontrolle behalten?

Alle warteten darauf, als Flüchtling im Notaufnahmeverfahren anerkannt zu werden. Viele erhielten ihre Anerkennung schnell, andere nach längerer Zeit, manche gar nicht. Hier wurde gelogen, hier erfand man die tollsten Geschichten über Spionagetätigkeit und eigene politische Aktivität, lediglich um die Flucht zu rechtfertigen. Wer wollte und konnte immer entscheiden, ob die Aussagen wahr, die Zeugen glaubhaft waren? Als wichtigste Belege wurden schriftliche Unterlagen, Dokumente verlangt. Aber wer besaß die schon? Die wenigsten. Ich war in der glücklichen Lage, mich ausweisen zu können. Meine Frau hatte an Unterlagen gedacht, alles, was von Wert sein könnte, eingepackt, und so wurden uns keine Schwierigkeiten bereitet. Zudem waren viele Zeugen Jehovas im Lager, die mich persönlich gut kannten.

Bei anderen Zeugen Jehovas ging es nicht so reibungslos. Als bekanntgeworden war, daß man nur zu erklären brauche, man sei Zeuge Jehovas, um als Flüchtling anerkannt zu werden, waren viele fragwürdige Existenzen Zeugen Jehovas geworden. Die Beamten der Kommission konnten solche schwer der Lüge überführen. So mancher bekam dort seine Anerkennung und hatte im Lager zum ersten Male den Namen Jehova ausgesprochen.

Um diesen Betrug in Zukunft zu verhindern, wurde ein Bruder von uns vorgeschlagen, der alle, die sich als Zeugen Jehovas ausgaben, testete. Die Kommission war für diese Hilfe dankbar. Uns konnte keiner erzählen, er sei Zeuge Jehovas, wenn er es nicht war. Es gab so viele Merkmale und Besonderheiten, welche ein Zeuge wissen mußte, ein Nichtzeuge aber nicht kennen konnte.

Für meine Familie kam bald der Tag der Weiterreise.

Über das Lager Altschweier waren wir nach drei Monaten Lagerzeit in den Kreis Konstanz gekommen. Eine Wohnung erhielten wir in Storzeln, einer ganz kleinen Teilgemeinde, an der Schweizer Grenze, ca. zehn Kilometer von Singen entfernt. Unsere Tätigkeit als Zeugen Jehovas konnte neu beginnen. Das Gebiet, in dem wir nun wohnten, gehörte einer kleinen Zeugenversammlung. Obwohl hinreichend neue Literatur vorhanden war, wurden hier noch die alten Bücher und Zeitschriften „Licht" von Rutherford betrachtet. Die Versammlung war überhaupt, was Wissen und Organisation betraf, sehr rückständig.

Wir betrachteten es als Fügung Jehovas, in diese kleine, rückständige Versammlung gekommen zu sein, da als Missionsgebiet noch dazu eine erzkatholische Gegend zugewiesen war. Wir konnten der Versammlung helfen und Jehovas Licht in die ach so schwarze Finsternis dieses „erzkatholischen" Gebietes bringen. Anfangs machte uns die Sprache etwas zu schaffen. Dann aber ging es besser. Mit mehr oder weniger Erfolg begannen wir, den „Schwarzröcken" die „Schafweiden" zu verwüsten. Viele gutmütige katholische Bauern und Mütterchen nahmen uns die Literatur sicher nur aus Mitleid ab. Wenigstens hatte ich nach einiger Zeit diesen Eindruck.

In der Versammlung als unerwarteter Zuwachs erst sehr begrüßt, galten wir bald als Preußen, die alles besser wissen. Das Tempo, welches wir einschlugen, paßte nicht zu dem gemütlichen Trott, den diese Verkündiger bisher gegangen waren. Auch der streng nach den Wachtturmrichtlinien ausgerichtete Kurs, der jetzt gesteuert wurde, erweckte bei den einheimischen Brüdern Unbehagen.

Der Versammlungsdiener befürchtete, durch mich von seinem Posten verdrängt zu werden. Ohne Grund. Wo ich der Versammlung helfen konnte, half ich, jedoch nach einem Dienstamt in ihr strebte ich nicht. Meine Absicht war jedoch, so schnell wie möglich diese Gegend zu verlassen und in eine Kleinstadt zu ziehen, wo fruchtbringendere Arbeit geleistet werden konnte.

So war ich froh, als sich mir die Gelegenheit bot, nach Waldshut zu ziehen und dort ein neues Betätigungsfeld zu finden.

Die reizvolle Stadt, vom Mittelalter geprägt, liegt am Hochrhein, umgeben von den südlichen Ausläufern des Schwarzwaldes. Doch auch hier wartete nicht der Friede auf mich. Eigentlich hätte ich mir das denken können. Bis jetzt hatte ich noch keine Versammlung der Zeugen kennengelernt, in der wirklich Eintracht und Friede herrschten. Doch was soll ich über den kleinlichen Klatsch schreiben? Es ist besser, sich nicht in menschliche, allzu menschliche Schwächen zu verlieren.

Wir Jehovas Zeugen betrachten uns als eine übernationale Volksgemeinschaft, als ein Volk ohne Land und Grenzen. Wir kennen keine Sprachschranken. Die einheitliche „Sprache" der Wachtturm-Gesellschaft ist unsere Sprache. Wir kennen keine Rassendiskriminierung. Wir sind alle von Gott in verschiedenen Arten erschaffene Menschen. Wir alle sind Jehovas Kinder, ob schwarz, weiß, gelb oder rot. Die „staatliche" Leitung übt unser König Jesus Christus aus durch die leitende Körperschaft in Brooklyn. Seit 1914 regiert er als unumschränkter Herrscher der

„Neuen Welt". In unserer Theokratie bestimmt nur Jehova durch Christus. Sein Wort, das er durch die Wachtturm-Gesellschaft verkündet, ist Wahrheit. Alleinige Wahrheit! Jehova ist das personifizierte Gute, darum haben wir kein Recht, die Maßnahmen Gottes zu kritisieren, die er durch die Wachtturm-Gesellschaft trifft.

Jesus Christus ist als König unter uns gegenwärtig, für uns gewöhnliche Sterbliche nicht zu sehen und zu hören. Doch können auch Zeugen Jehovas nicht auf eine sichtbare Führung verzichten. Darum hat Jehova seine „Leitende Körperschaft" auf Erden eingesetzt, die seinen Willen dem Volke, Jehovas Zeugen und der übrigen Welt bekanntgeben soll. Diese Körperschaft wird vom „Überrest" der 144 000 Gesalbten auf Erden gebildet. Christus wird von der WT-Gesellschaft als der Friedenskönig proklamiert, der in seiner sichtbaren Organisation schon heute den Frieden der Neuen Welt errichtet hat. Durch sie zeigt er der übrigen Welt, wie Friede und Eintracht dereinst in der Neuen Welt aussehen werden. Doch trotz aller Friedensbeteuerungen unserer Brüder in Brooklyn haben wir in den Versammlungen keinen Frieden, keine Ruhe gefunden. Oft fragte ich mich in dieser Zeit: „Sind wir wirklich Gottes Volk?"

Aber sieh doch den Aufbau der theokratischen Organisation! Sieh die von Gott in ihr Dienstamt berufenen Brüder in Brooklyn! Jehova hat sie zu ihrem Dienst erwählt, und wir müssen uns ihnen beugen, müssen gehorchen, sonst rebellieren wir gegen Gott. Widerstehen wir diesen Brüdern, widerstehen wir in Wirklichkeit Jehova, Gott. Rebellion können wir uns nicht leisten, sie führt zum Tode, zur ewigen Vernichtung in „Harmagedon". Bis heute habe ich treu gedient. Ich möchte mein Leben nicht leichtfertig aufs Spiel setzen und in „Harmagedon" umkommen. Und griff nicht Jehova selbst durch die WT-Gesellschaft jetzt streng gegen jene durch, die unsere innere Ruhe störten? Der Wachtturm „Hüte deine Zunge" erschien. Durch ihn wurden alle, die sich dem Klatsche ergeben hatten, von Jehova zur Ordnung gerufen.

Doch jene, die es am meisten anging, bezogen den Inhalt des Wachtturms gar nicht auf sich. Den Splitter in den Augen der anderen sahen sie, den Balken in ihren eigenen Augen sahen sie nicht! Und wenn sich schon Jehova veranlaßt fühlte, einen Wachtturm gegen die bösen Zungen schreiben zu lassen, mußte die Lieblosigkeit zum weltweiten Problem in der Organisation geworden sein.

Ernste Sorgen bereiteten uns Dienern die Rivalitäten unter den Brüdern. Einer strebte nach des anderen Dienstamt. Man fand das ganz in Ordnung. Der Wachtturm lehrte mit den Worten des Apostels: „Wenn jemand nach einem Aufseherdienst trachtet, so begehrt er ein schönes Werk" (1 Tim 3,1). Und nach einem Dienstamt trachteten die meisten. So intrigierte man gegen die Brüder, die leitende Stellungen innehatten. Mancher Amtsdiener kam dadurch zu Fall. Allein 1953 wurden in Waldshut acht Diener in der Versammlung gewechselt.

Die Abgesetzten schafften neue Unruhen, bis auch der Nachfolger gehen mußte. War das noch Theokratie? Ich stellte Überlegungen über die göttliche Führung der Wachtturm-Gesellschaft an. Mit welchem Recht kann ich Zweifel hegen? Ich darf es nicht! Zweifeln ist Sünde, und ich wollte nicht sündigen. So mußte ich weiter Brooklyn gehorchen. Ich durfte nicht vergessen, daß es um mein Leben ging.

Jehovas Zeugen — Die Neue-Welt-Gesellschaft

Auf dem Kongreß im Yankee-Stadion 1950 in New York hatte Präsident Bruder Knorr „neue" Wahrheiten proklamiert. In Deutschland erfuhren wir diese Wahrheiten ausführlich auf dem Nürnberger Kongreß 1953.

Jehovas Zeugen brauchen solche Massenveranstaltungen von Zeit zu Zeit, um die Teilnehmer in der Begeisterung der großen Masse vergessen zu lassen, daß ihre Gemeinde-

Versammlungen in Unfrieden lebten. Jehova rief seine Zeugen zu einem „Festmahl" geistiger Speisen. Sie folgten, um einige Tage wie in einer „Neuen Welt" nur unter friedlichen Brüdern zu leben. Die Begeisterung, die in den Versammlungen nicht aufkommen konnte, wurde hier zu einem Taumel!

Ich selbst hatte den Dienst als Kassierer in der Cafeteria übernommen, der Stände, die das Essen und die Erfrischungen verkauften. Es gab viel zu tun, und nur selten konnte ich meine Aufmerksamkeit den Vorträgen und anderen Darbietungen zuwenden.

Der Abend hatte sich über die Zeppelinwiese in Nürnberg gesenkt. Auf dem Programm standen die Vorträge über die „Neue-Welt-Gesellschaft". Ich machte mich vom Dienste frei, um wenigstens diese wichtigen Vorträge richtig hören zu können.

Über uns wölbte sich der Sternenhimmel, um uns erhellten wenige Lampen nur spärlich die Menschenmassen. Eine feierliche Stille, nur von der Stimme aus den Lautsprechern unterbrochen, lag über der Versammlung. Angestrengt lauschte jeder den Worten, damit ja nichts von diesem bedeutungsvollen Vortrag verlorengehe.

Überrascht heben alle die Köpfe, manche springen von ihren Plätzen hoch. Was klang da eben über die Lautsprecher? „Die Fürsten der Neuen Welt sind mitten unter uns?" Begeisterung, wie ich sie bis dahin noch nie erlebt, bricht in die Stille herein. Für Minuten hört man nur das Jauchzen der Hunderttausende. Ohne Zweifel erwarteten die meisten unter uns, Abraham, Isaak und Jakob würden jeden Augenblick auf die Bühne treten.

Ernüchternd kamen dann die Worte des Redners: „Die Fürsten sind unter uns, es sind die Diener der Organisation in den Versammlungen, der Zweig- und Hauptbüros." Wieder ein Beifall, der nicht enden will.

Im Taumel der Begeisterung hatten alle Zeugen eine neue „Wahrheit" angenommen, die mich betrübte.

Hier konnte doch offenbar etwas nicht stimmen. Trotz der folgenden Erklärungen des Redners, konnte ich die Zweifel an der neuen Erkenntnis nicht loswerden. Weiter tönte die Stimme und proklamierte die „Neue-Welt-Gesellschaft". Wie, die „Neue Welt" ist schon hier? W i r sind diese neue Welt? Das war für mich zu viel! Statt wie die anderen glücklich zu sein, begannen Zweifel in mir zu nagen.

Nürnberg wurde für mich der Anfang des Erwachens aus meinem jahrelangen Schlaf. Doch erst in späterer Zeit sollte ich ganz wach werden. In Nürnberg war mir klargeworden, ich mußte die Lehre, der ich diente, näher untersuchen, ich mußte sie in Zukunft besser prüfen. Hatte ich nicht ein Recht hierzu? Sagt doch der Apostel: „Prüfet alles und das Gute haltet fest." Daß wir schon jetzt in der „Neuen Welt" leben sollten, konnte ich nicht fassen, das mußte ich erst einmal anhand der Bibel prüfen. Mein kritischer Geist war erwacht und sollte nicht mehr zur Ruhe kommen.

Erschüttert über meine Gedanken, die es wagten, Jehovas Wahrheit in Frage zu stellen, kehrte ich nach Waldshut heim.

Mein Glaube kommt ins Wanken

Vor Jahren hatte ich eine Schwester empört zurechtgewiesen, welche die Äußerung wagte, ob man wohl doch nicht einem Phantom nachjage! Jetzt brannte diese Frage auf meiner Seele ... Was ist die Wirklichkeit, was Wahrheit? Was ist Phantom, Täuschung, Trug und Betrug?

Aber noch glaubte ich aufrichtig an die göttliche Führung und Überwaltung der Organisation. Voller Ehrfurcht schaute ich auf die Brüder der Wachtturm-Gesellschaft in Brooklyn, derer sich Gott allein bedient, das Evangelium auf der ganzen Erde zu predigen. Die Absicht, doch kritisch zu prüfen, ob sich auch alles so verhält, wie die Wachtturm-Gesellschaft, „durch die Gnade des Herrn zu verkündigen vorgab", wies ich wieder von mir. Kritisch zu prüfen wäre doch Sünde. Hinter solchen Zweifeln stünden die Dämonen. Ich nahm meine Hingabe an die Sache der Zeugen Jehovas ernst und fühlte mich bedingungslos an den Wachtturm als „Kanal" Gottes gebunden. „Theokratischer Gehorsam" war alles.

Und doch stellten sich wieder Zweifel ein. Was ich in Nürnberg gehört hatte, beschäftigte mich immer wieder. Dann erschienen mir gewisse Endzeitberechnungen anfechtbar. Die Handlungsweise der führenden Diener war manchmal recht fragwürdig, der Wandel der angeblich von Gott kommenden Wahrheiten bedenklich. All das wollte mir oft den Mut nehmen. Drangen wirklich Dämonen auf mich ein? Oder regte sich mein Gewissen? Noch immer zweifelte ich. Ich schwankte, wußte nicht, was tun. Eben hatte ich mich durchgerungen, die Wachtturmlinie genauer zu prüfen. Im nächsten Augenblick schob ich meine zweifelnden Gedanken den Dämonen zu, die von mir Besitz ergriffen hatten, um mich zu vernichten.

Aber es sollte sich mir Gelegenheit bieten, die wirklich geschichtliche Entwicklung der WT-Gesellschaft zu verfolgen. Ich erhielt den Auftrag, für die Versammlung eine Bibliothek einzurichten. Hierbei fiel mir die ältere Literatur der Gesellschaft in die Hände. Sie zog mich an, und ich las. Falsche Zeitberechnungen, völlig haltlose, heute längst aufgegebene Bibeldeutungen, unzeitgemäß gewordene Wahrheiten fesselten meine Aufmerksamkeit.

Da soll ich als Zeuge Jehovas noch glauben, daß Jehova selbst die Bibel auslegt? Widersprüche in Lehre und Bibelauslegung fielen mir auf. Ich stellte ein ständiges Ummodeln der Wachtturmlehren fest, ein fortwährendes Anpassen an die sich verändernden Verhältnisse. Das stimmte mich sehr nachdenklich.

Die in früheren Wachtturmschriften viel gepriesene göttliche Prophetie schien nicht, wie es unbedingt sein müßte, die Zeitereignisse zu bestimmen, sondern umgekehrt: sie hinkte hinter der Zeitentwicklung her.

Was hatte ich diesbezüglich gelernt? Die WT-Gesellschaft lehrt keine Dogmen. Das „Licht" der Erkenntnis werde immer heller. Darum kann sich unsere Lehre ändern entsprechend der fortschreitenden Erkenntnis. Also müßte ich auch neue Lehren vorbehaltlos hinnehmen. Bisher hatte ich mich ja auch mit diesem Gedanken zufrieden gegeben, doch was ich hier in der alten Wachtturmliteratur fand, stand in krassem Gegensatz zum Inhalt zur neuen. Warum? Weil die angeblich von Gott geleiteten Wachtturmschreiber irrten, ständig irrten.

Ist denn Gott ein Gott der Irrtümer und Widersprüche? Kann man von Gott geleitet sein und dabei sich widersprechende Lehren als von Gott geoffenbarte Wahrheit anpreisen? Bei Gott ist doch nicht „Veränderung noch eines Wechsels Schatten". Frühere Lehren des Wachtturms, die ich fand, werden heute als Irrtum abgetan, wurden aber einst als göttliche Wahrheit verkündet.

Kann göttliche Wahrheit Irrtum werden? Niemals! Was sind dies dann alles für „Wahrheiten"? Wo ist hier ein Hellerwerden göttlichen Lichtes?

Das soll ich bedenkenlos hinnehmen? So fragte ich mich. — Bisher hatte ich die stetige Weiterentwicklung unserer Lehre angenommen. Jetzt war meine innere Ruhe dahin. Bisher hatte ich gepredigt, wie es der Wachtturm mir in den Mund legte.

Wo sollte das enden? Könnte ich am Ende nicht gar abtrünnig werden, treulos? Das schien furchtbar!

Da würde man mit Fingern auf mich zeigen und sagen: Seht, ein Abtrünniger, ein Judas, ein Verräter, er hat sein Hingabegelübde gebrochen, verachtet ihn, meidet ihn, hinweg mit ihm! — Entsetzlich, unerträglich!

Man vertraut mir, man hat mir Verantwortung übertragen. Ich versehe doch ein Dienstamt! Wieviele einfache Verkündiger glauben treuherzig! Und ich, was ist mit mir?

Doch der Stein war ins Rollen gekommen. Mein Verantwortungsbewußtsein vor Gott war erwacht. Wer an seinem Glauben zweifelt, muß so lange nach der Wahrheit suchen, bis er sie gefunden.

Damit, daß ich die Zweifel von mir weisen würde, waren sie nicht geklärt. Ich suchte die geistigen Ketten zu sprengen, in welche die Wachtturm-Gesellschaft jeden ihrer Anhänger legt. Ich suchte Zuflucht zu Gott im Gebet.

Aber Gott gab mir keine Antwort. Er schwieg.

Ich empfand, daß ich persönlich keine Klarheit über die sich widersprechenden Glaubenssätze erlangen konnte. Wie lehrte doch der Wachtturm? Gott handelt nicht mit Einzelpersonen, sondern nur durch seine Organisation, durch die Wachtturm-Gesellschaft, den „treuen und klugen Knecht Jehovas". Der Wachtturm stellt in Glaubensfragen den Verbindungskanal zwischen Gott und den Zeugen dar. Wieder und wieder verglich ich die Wachtturmliteratur. Wie lehrte Gott durch seine Organisation unter der Leitung des ersten Präsidenten Russel? Wie lehrte er durch seinen zweiten Präsidenten Rutherford? Wie lehrt er durch den jetzigen Präsidenten Knorr und seine Mitarbeiter?

Einer widersprach dem anderen, einer verwarf des anderen „göttliche" Wahrheiten als Irrtümer. Von einer göttlichen Leitung der Wachtturm-Gesellschaft war anscheinend überhaupt nichts zu spüren.

Aber hatte nicht Rutherford erklärt, seine Lehren seien „Erkenntnis, die der Herr gab, um seinem Volke kundzutun, daß . . .?"! Und Knorr hatte solche Erkenntnis abgelehnt! Mit welchem Recht? Wie kann man „Wahrheiten, die der Herr gab", verwerfen? Oder hatte sie der Herr gar nicht gegeben? Das lag näher. Irgend etwas stimmte hier grundsätzlich nicht. Da fand ich die Nr. 451 der Zeitschrift „Trost" (jetzt „Erwachet") aus dem Jahre 1941. Unter dem Titel „Der göttliche Plan — Beratung durch J. Rutherford", las ich den Ausspruch Rutherfords: „D i e s e
i m W a c h t t u r m g e m a c h t e E r k l ä r u n g i s t

aber mit dem Allmächtigen gänzlich
unvereinbar." –

Wie? Rutherford, der den „göttlichen Kanal" leitet, stellt
hier den „göttlichen Kanal" als unwahr hin? Demnach ist
der Wachtturm also nicht immer unbedingt und immer
Jehovas Kanal, durch den uns göttliche Wahrheit zuge-
leitet wird. Oder Jehova hätte seinen Zeugen ständig
Unwahrheiten zukommen lassen. Offensichtlich hat nicht
jede Belehrung des Wachtturms als Wahrheit zu gelten,
das stand nun fest. Was für ein „Kanal Gottes", dieser
Wachtturm! Ein höchst unzuverlässiger!

Ich brauchte aber zuverlässige Antwort und Auskunft auf
all die Fragen, die mich bedrängten. Woher vertrauensvoll
erhalten, wenn selbst der Wachtturm nicht unbedingt zu-
verlässig ist, wie Rutherford selbst bewies?

So hatte das Mißtrauen gegenüber dem Wachtturm in mir
Wurzel gefaßt. Alles, was mir nunmehr an Wachtturm-
literatur in die Hände kam, wurde kritisch untersucht.
Hatten nicht Christus und die Apostel vor solchen gewarnt, die die christliche Lehre verkehren? Sollte das etwa
hier zutreffen? Das wäre verheerend. Ich wollte nicht zu
solchen gehören, die irregeführt werden. Vor allen Dingen
aber beunruhigte mich, daß ich täglich predigte, und Hunderte die Lehre des Wachtturms aus meinem Munde hörten.
Was wäre, wenn ich tatsächlich ein falsches Evangelium verkündigte? Wenn ich eine Irrlehre verbreitete? Ich würde
mich ja vor Gott schuldig machen, andere zu verführen.
Welche Verantwortungslosigkeit wäre das! Welche Schuld
vor Gott! Mußte ich nicht zwangsläufig zum Entschluß
kommen, mich gegen den Wachtturm zu entscheiden? –
Aber ich stand allein. Sollte ich mich direkt an die Wachtturm-Gesellschaft wenden? Das wäre von vornherein
nutzlos! Ich würde nur als ein den Dämonen Verfallener
hinausgestoßen. Dämonen? War ich wirklich von ihnen
besessen? Der Glaube an dämonische Einflüsse brachte jedoch keine Lösung meiner Fragen. Aber konnte nicht der

Glaube an satanische Einflüsse meine Zweifel überwinden helfen? Und mich zur inneren Ruhe kommen lassen?

Dämonen? Ist der Einfluß dieser antigöttlichen Wesen wirklich so groß, wie ihn die Zeugen darstellen? Hier bietet sich ein erster Ansatzpunkt zur kritischen Untersuchung. Aber ich empfinde Angst vor mir selbst. Stehe ich nicht schon unter dem übermächtigen Einfluß Satans, mußte ich mich immer wieder fragen. Auf uns versuchen die Dämonen einzuwirken. Sie geben uns die Gedanken des Zweifels ein. Wie aber war es dann möglich, daß Bruder Rutherford als Präsident der Gesellschaft den Wachtturm der Falschdarstellung bezichtigt? Er hat auf diese Weise den Wachtturm der Unwahrhaftigkeit gegenüber Gott überführt!

Wie kann ich da den Wachtturm noch länger als Schrift betrachten, die mir zuverlässige Antwort Gottes auf meine Fragen und Zweifel gibt?

Wie ist es mit meiner eigenen und persönlichen Verantwortung vor meinem Gewissen und vor Gott? Diese hat doch unumstritten jeder selbst zu tragen!

Zwingend wie nie zuvor empfand ich diese meine persönliche Verantwortung für meine Predigt.

Sind die Worte des Apostels nicht verbindlich: „Geliebte, glaubet nicht jedem Geiste, sondern prüfet die Geister, o b s i e a u s G o t t s i n d ; denn viele falsche Propheten sind in die Welt ausgegangen" (1 Jo 4,1)? Ganz entschieden: ja! Auch für mich verbindliche Schriftworte! Diese Verpflichtung, zu prüfen, was recht und wahr ist, was aus Gott ist und was nicht, konnte mir die Wachtturm-Gesellschaft nicht abnehmen, geschweige denn verwehren.

Dazu kam, daß die Brüder in Brooklyn seit 1949 den Kampf gegen den Kommunismus wieder aufleben ließen und so alle ihre Anhänger auch in die politische Arena führten. Das fand seinen besonderen Ausdruck in der Petition der Zeugen Jehovas vom 10. Juli 1950, die sich an alle Behörden, Organisationen und Persönlichkeiten des öffentlichen Lebens richtete.

Dann erschien der Wachtturm vom 1. Juni 1952: „Ist Gott für die Weltbedrängnis verantwortlich?" Dies war die politische Wachtturmoffensive!

Was man hier gegen die Führer des Kommunismus praktizierte, konnte man später auch gegen nichtkommunistische Regierungen anwenden, und es wird auch angewendet.

Alle früher verfaßten, biblisch begründeten Erklärungen der Zeugen Jehovas, sie kümmerten sich um Politik, um die Dinge dieser bösen Welt nicht, fielen damit in sich zusammen. Mit diesem Wachtturm begann die Gesellschaft den politischen Kampf. Das verstieß gegen alle bisherigen Grundsätze der politischen Neutralität.

Wofür hatte ich mich Gott hingegeben? Allenfalls für einen Kampf auf religiöser Ebene, für ein rein religiöses Werk. Niemals aber für einen Kampf gegen politische Systeme, gleich welcher Richtung! Politik ist mitunter eine zu folgenschwere Sache.

Keine Zeit zur kritischen Prüfung

Vor mir sitzen etwa 50 Verkündiger und Interessierte der Versammlung und lauschen meinen Worten, die ausklingen in dem Zitat aus der Dienstanweisung „In Einheit miteinander predigen":

> „Von nun an bis Harmagedon müssen wir weiterhin predigen und von der Herrlichkeit des Königreiches Jehovas sprechen ... Es ist in der Tat das wichtigste Werk der ganzen Welt. Jeden Tag werden Jehovas ergebene Diener ihre Zeit weislich einteilen, um soviel Zeit als irgend möglich auf den Predigtdienst zu verwenden."

Mein erster Programmpunkt in der heutigen Versammlung ist beendet.

Ein anderer Bruder tritt auf das Podium. Er bespricht mit der Versammlung den „Königreichsdienst", unser internes Informationsblatt. Die einzelnen Brüder und Schwestern werden aufgerufen, sich zu den gestellten Fragen zu äußern. Nach einer lebhaften Aussprache wird der Absatz verlesen.

> „Unser Auftrag zu predigen, gilt für alle 24 Stunden des Tages, und zwar an jedem Tag, solange wir leben ... Die Zeit, die wir für den Weg zur Arbeit und zurück benötigen, ist unsere Zeit, ebenso die Mittagspause. Benutzt diese Augenblicke, um mit euren Arbeitskollegen zu sprechen, mit euren Mitreisenden zu sprechen. Unterhaltet euch unterwegs mit den Reisegefährten. Sprecht beim Auffüllen von Treibstoff mit dem Tankwart. Gebt bei euren Einkäufen dem Kolonialwarenhändler Zeugnis, wenn es auch nur ein kurzes sein mag. Überlaßt ihm einen Traktat oder eine Zeitschrift. Predigt, wenn Vertreter vorsprechen. Predigt, wenn Freunde euch besuchen!"

Mit den Verkündigern wird nun durchexerziert, welche Möglichkeiten für unseren Predigtdienst noch auszuschöpfen sind. Allen wird beigebracht, daß jede Gelegenheit zu einem Zeugnis und zur Literaturabgabe ausgenutzt werden kann.

Predigen, predigen, predigen heißt das Motto, nicht nur wenn wir dienstlich an den Türen der Menschen stehen, sondern bei jedem Einkauf, bei jeder Begegnung mit einem Bekannten oder Fremden.

Vergessen wir nicht, unser Auftrag zu predigen gilt für alle 24 Stunden des Tages, jeden Tag; wir arbeiten, um zu predigen und schlafen, um predigen zu können. Stehen wir auf, denken wir daran, heute jede Gelegenheit der Begegnung, die sich bietet, zu nutzen. Wir machen Traktate und Zeitschriften bereit, damit wir die Literatur der „Wahrheit" anbieten können, wenn wir auf dem Wege zur Arbeit oder in der Arbeitspause mit unseren Kollegen sprechen. Zwar machen wir uns durch diese Tätigkeit nicht gerade bei allen beliebt, jedoch erfüllen wir unseren Predigtauftrag.

Den nächsten Programmpunkt behandle wieder ich. Wieder dient als Grundlage der „Königreichsdienst", der überhaupt unsere Schulungs-Programme bestimmt. Die Gesellschaft gibt ihn heraus, damit die Verkündiger auf der ganzen Erde nach einheitlichen Richtlinien ausgebildet werden.

Ich spreche über die List, die wir anwenden, um auch mit nichtinteressierten Personen ins Gespräch zu kommen. Ja noch deutlicher, um Andersdenkende zu überlisten:

„Hauptsache ist, das Interesse zu wecken. Veranlasse die Personen, sich zu äußern. Halte eine logische Predigt, daß sie noch mehr hören möchten. Wie kann man sie zum Zuhören veranlassen? Mittels eines der nachstehenden Themen:

‚Wir sind gekommen, um über die religiöse Einheit zu sprechen. Die ganze kommunistische Welt vereint sich gegen die Religion. Aber die Religion ist in ihrem Lager nicht eins . . .'

‚Wir sind zu Ihnen gekommen, um darüber zu sprechen, wie diese Einheit unter Gottes Königreich mit Christus als dem König Tatsache werden wird.'

Oder: ‚Wir kommen zu Ihnen, weil wir die Leute ermuntern möchten, untereinander mehr über Religion zu sprechen ... Wir sprechen gern über Religion.'

Oder: ‚Wir sind hier, weil es für uns als Bewohner der gleichen Gemeinde gut ist, etwas über die Religion anderer zu erfahren. Gewiß fördert dies das gegenseitige Verständnis und erweitert unsere Erkenntnis.'

Oder: ‚Wir haben festgestellt, daß Menschen, die sich für Religion interessieren, auch am Frieden interessiert sind. Wir sind gekommen, um mit Ihnen hierüber zu sprechen.'"

Natürlich interessiert es uns nicht, die Religion der anderen kennenzulernen und gegenseitiges Verständnis zu fördern. Die obigen Themen sind nur da, um Interesse für u n s e r e Botschaft zu wecken. Mit anderen Worten, wir müssen die Leute erst einmal über unseren wahren Beweggrund, sie zu Zeugen Jehovas zu machen, hinwegtäuschen. Die WT-Gesellschaft erklärt:

„Takt bedeutet nicht etwa, daß man auf Kompromisse eingeht oder andere täuscht. Unter Takt versteht man ein feines geistiges Wahrnehmungsvermögen oder eine scharfe Unterscheidungsgabe, die uns erkennen hilft, welche Handlungsweise unter gegebenen Verhältnissen die beste ist, oder die besondere Fähigkeit, mit anderen umzugehen, ohne Anstoß zu erregen."

Man nennt dieses Vorgehen doch Täuschung, wenn auch dafür die Worte „feines geistiges Wahrnehmungsvermögen" gewählt werden. Wir können nicht anders als „listig wie die Schlangen" den Glauben des anderen unterminieren und unseren aufbauen. Darum gehen wir weiter unter der Beachtung folgender Anweisungen vor:

„Einen Mann interessieren Artikel über Politik, Handel, Weltereignisse, Wissenschaft und Natur. Eine Frau interessieren Themen wie Haushalt, Kleidung, Frauenwelt und Naturgeschichte. In der Zeitschrift „Erwachet" erscheint vieles, was Schulkinder interessiert: Tagesereignisse, Naturerscheinungen, Artikel über fremde Länder, die lokale Färbung haben, und wissenschaftliche Themen; all dies kann ihnen bei der Schularbeit und bei Aufsätzen, die sie vielleicht machen müssen, eine Hilfe sein. Im Wachtturm finden sich viele kurze, kernige Artikel. Diese sind von sehr praktischem Wert und können von den Leuten leicht begriffen werden. Wähle solche Artikel aus und nimm Kenntnis von ihrem Inhalt, ehe du in den Dienst gehst.

Weise darauf hin, daß der ‚Wachtturm' ein Erzeugnis des Studiums und der Erforschung der Bibel ist, eine Zeitschrift, die uns in den Stand versetzt, für die Alltagsprobleme des Lebens eine zufriedenstellende und zuverlässige Lösung zu finden, eine Zeitschrift, die uns erkennen hilft, wie wir heute leben müssen, um Gott gefallen zu können, und wie eine ganze Familie am besten erzogen und geschult werden kann, um Leben zu erlangen."

Zwar melden sich ob dieser Darlegung Gewissensbisse. Was aber soll ich tun? Ich bin noch lange nicht in der Lage, meine Dienstämter niederzulegen. Dennoch sehe ich nicht klar. Mich erfüllt nur Furcht, eine unbeschreibliche Furcht vor der Rebellion gegen Jehova Gott und seine Organisation. Wo ist die „wahre Religion", wenn nicht bei Jehovas Zeugen? Was ist dann noch Wahrheit, wenn unsere Lehre Trug ist?

Und wieder werden alle meine Bedenken für einige Zeit zum Schweigen verurteilt. Meinen Dienst möchte ich nicht vernachlässigen. Trotz aller bisherigen Bedenken kann ich es nicht.

Während der Sommermonate verkünden wir unsere Frohbotschaft in den Ferngebieten. Unsere Versammlung fährt mit Wagen, Motorrädern, Mopeds und Fahrrädern in die kleinen Orte des Schwarzwaldes. Mit meinem Wagen fahre ich vier andere Verkündiger in den am weitest entfernten Ort. Es ist Sonntagmorgen. Gerade sind die Bewohner dieses Ortes aus der Kirche gekommen, da klopfen wir an die Türen. Wir haben einen guten Literaturabgabeerfolg! Ja, unsere Argumente, in der Dienstversammlung gelernt, haben das erreicht.

Predigtdienst von Haus zu Haus in meinem Stadtgebiet, im Ferngebiet, Nachbesuche, Heimbibelstudium, Buchstudien mit Verkündigern in entlegenen Orten, Versammlungsbesuche und die Betreuung von „schwachen" Verkündigern beanspruchen meine Zeit voll und ganz. Kaum daß ich noch zur Besinnung komme.

Auf Anordnung Brooklyns soll jeder gute Verkündiger einem schwachen beistehen. Diese Aktion läuft unter dem Namen Schulungsprogramm. Ein Verkündiger soll den anderen fördern. An mir ist es, diese Schulung in der Versammlung zu überwachen. Ständig bin ich mit dem Wagen unterwegs, wenn es mir die Zeit erlaubt. Kaum einen Sonntagnachmittag kann ich meiner Familie widmen, von der Woche gar nicht zu sprechen. Ich finde einfach keine Zeit zur Muße. Vielleicht ist das gut, denn ob solcher Beanspruchung scheint es, daß meine Bedenken gegen meinen Glauben an Gewicht verlieren.

Eine Stunde Predigtdienstschule

Mit Lied, Gebet und Appell der Studierenden habe ich die Schulungsstunde begonnen. Zur Betrachtung steht das Thema „Fühlungsnahme mit Personen unterschiedlichen Glaubens".

Mitten im Unterricht erkläre ich:

„Jehovas Zeugen interessieren sich als Diener Gottes sehr für die Leute in ihrem Gebiet. Personen, die darin wohnen und mit Schafen verglichen werden können, bilden ihre Gemeinde. Jeder Diener, der ein Gebiet hat,

sollte dessen Einwohner studieren und ihre Lebens-
anschauung und Religion herauszufinden suchen . . .

Während wir mit den Leuten sprechen, müssen wir dadurch unser Interesse an ihnen bekunden, daß wir ihre
Ansicht über gewisse Dinge zu erfahren suchen und
ihnen zeigen, daß wir ihr Recht, ihren Standpunkt zu
vertreten, respektieren. Indem wir versuchen, auf ihre
Zweifel einzugehen und auf ihre Fragen zu antworten,
sehen, sie, daß wir wirklich bemüht sind, ihnen zu
helfen.

Bemerken wir in ihren Äußerungen Zweifel an ihrer
Religion, haben wir einen guten Ansatzpunkt zur Entwicklung des Interesses für Jehovas Botschaft.

Wir haben ein Gebiet, in dem es sehr viele Katholiken
gibt. Wir können ihnen gegenüber zeigen, wie wir uns
freuen, gerade mit Katholiken zu sprechen. Man kann
dabei etwa folgendes bemerken: ‚Ich weiß, daß die
Katholiken fest und aufrichtig an Christus glauben.‘
Oder: ‚Ich kann mich mit Katholiken oft sehr gut unterhalten.‘ Zeige ihnen, daß der Papst die Katholiken er-
muntert hat, in der Bibel zu lesen, und wie gerne unsere
Literatur öfters Zitate aus katholischen Übersetzungen
bringt.“

Aufmerksam lauschen die Zuhörer meinen Worten. Möchte
doch jeder soviel als möglich davon behalten, um es später
zu gebrauchen.

Sie werden gut unterwiesen, den Glauben der anderen
zum Nutzen der Wachtturm-Gesellschaft zu unterwan-
dern. Die Lehrstücke in den Unterrichtsbüchern sind raffi-
niert ausgeklügelt und in der Praxis erprobt. So mancher
andersgläubige Mensch merkt gar nicht, wie sein Glaube
durch den Umgang mit den „Zeugen“ mehr und mehr
schwindet.

Emsig arbeiten wir, um unser Soll zu erfüllen. Nach den
Vorschriften der Gesellschaft müssen wir jährlich unsere

Versammlung um 10 Prozent vermehren. Dazu sind viele, sehr viele Anstrengungen aller Verkündiger erforderlich. Wir müssen noch mehr Stunden für den Dienst aufwenden. Unser Versammlungsdurchschnitt im Verhältnis zum Landesdurchschnitt ist schlecht.

Vergessen wir nicht, nur eifrige Prediger werden errettet, die lässigen können ihr Leben verlieren. Darum mehr Stunden für den Felddienst! Mehr Literatur abgeben!

Damit dies kein Zeuge vergißt, hängt vor seinen Augen im Königreichssaal die Versammlungstabelle. Auf ihr sind die Stunden, Nachbesuche, die Heimbibelstudien und die Literaturausgabe für jeden Monat eingetragen.

Auch ist die Durchschnittsleistung des einzelnen Mitgliedes der Versammlung errechnet. Jeder kann nun selbst sehen, ob seine Dienststunden mit dem Durchschnitt übereinstimmen oder nicht, und er somit als guter oder lässiger Prediger zu gelten hat.

Über den Predigtdienst eines jeden Verkündigers wird eine eigene Karteikarte geführt, so daß sein Dienst immer überprüft werden kann.

In einer Dienstversammlung teilten wir die Karten an jeden Verkündiger aus. Wir hielten dann, durch den sog. „Informator" der Gesellschaft dazu aufgefordert, eine Gerichtssitzung ab, mit Richter, Staatsanwalt und Angeklagten. Angeklagt war die Karte eines Bruders, welche nicht die erforderliche Stundenzahl aufwies.

Der Kreisdiener zu Besuch

Alle sechs Monate kommt der Kreisdiener, um die Arbeit der Versammlung zu kontrollieren und den Dienern zu helfen, ihren Dienst genau nach den Richtlinien der Gesellschaft zu versehen.

Diese Woche bedeutet jedesmal eine besondere Anstrengung für alle Verkündiger. Jeder Diener und jeder Verkündiger wird nämlich vom Kreisdiener geprüft, ob er auch den Erfordernissen der Organisation Jehovas entspricht. Unter den Amtsdienern herrschte immer eine besondere Aufregung, werden doch in dieser Woche Versammlungsdiener ab- bzw. eingesetzt. Hat ein Diener zu wenig geleistet, kann er vom Kreisdiener durch einen anderen ersetzt werden. Zumindest muß er Rechenschaft geben, warum er lässiger geworden ist. Jeden Vor- und Nachmittag hat die Versammlung besonderen Felddienst zu leisten. Der Kreisdiener prüft bei dieser Gelegenheit den Dienst jedes Einzelnen, indem er ihn kurze Zeit beim Dienst von Tür zu Tür begleitet.

Oft in der Vergangenheit hat mir dieser Bruder leid getan. Was mußte er in dieser Woche in der Versammlung alles erledigen. Eine Schwester hatte eine andere der Hurerei bezichtigt. Da die Versammlung den Fall nicht klären konnte, hatte sich der Kreisdiener damit zu befassen. Was war an dem vielen Klatsch noch wahr, der inzwischen über die angeklagte Schwester verbreitet worden war? Einer flüsterte dem Kreisdiener Nachteiliges ins Ohr, ein anderer behauptete das Gegenteil. Es sollte in einer Dienstwoche die Einheit der Versammlung besonders angeregt werden. Doch trieben in dieser Woche Intrigen und Klatsch besonders ihr Unwesen.

Dieses Mal hatte auch ich unter übler Nachrede und Verleumdung zu leiden. Man beschuldigt mich, die ganze Macht in der Versammlung an mich reißen zu wollen. In Wirklichkeit mußte ich mich ständig mit einer Schwester auseinandersetzen, die den Versammlungsdiener zum Nachteil der Versammlung in allem beeinflußte. Ja, es kam soweit, daß in der Versammlung von einer Weiberherrschaft gesprochen worden war. Diese Schwester verstand es, alles zu ihren Gunsten zu drehen. Ich mußte gegen sie auftreten, doch kam ich beim Besuch des Kreisdieners als Hilfsversammlungsdiener zu Fall. Mein Dienstamt als Schuldiener blieb jedoch unangetastet.

Der Kreisdiener richtete in seiner Schlußansprache viele Ermahnungen an die Versammlung, einig zu bleiben. Er glaubte, den Frieden für die nächsten sechs Monate wiederhergestellt zu haben. In seinem Bericht über die Versammlung und in der Beurteilung der dienenden Brüder hatte er geirrt. Gerade die Gruppe, welche die meisten Unruhen in der Versammlung hervorrief, beurteilte er als die Eifrigen, und die sich um Fortschritt bemühten, waren als Unruhestifter bezeichnet worden. Wie konnte dies zur Eintracht in der Versammlung beitragen?

Kaum war der Kreisdiener wieder abgereist, wurde wieder Zwiespalt gesät. Gerade der neu eingesetzte Versammlungsdiener — der alte wurde an meiner Stelle Hilfs-Versammlungsdiener —, war der Bruder, der am meisten versagte.

Es dauerte Jahre, ich war schon nicht mehr Zeuge Jehovas, als endlich der Kreisdiener die Intrigen durchschaute, und der Versammlungsdiener wieder gehen mußte.

Mir stand wieder mehr Zeit zur Verfügung. Die Zweifel schoben sich mächtiger auf als vorher. Sollte Jehova wirklich die Brüder leiten? Konnte er seine Diener derart und so oft in die Irre führen? War nicht alles Leben und Wirken in der WT-Gesellschaft sehr menschlich, allzu menschlich?

Wieder Zweifel

Unruhig wälze ich mich in meinem Bett. Ich bin müde und matt und finde keinen Schlaf. Jede Nacht brauche ich Stunden, bis ich endlich unter Angstvorstellungen einschlafen kann. Schweißtriefend wache ich oft schon nach wenigen Stunden wieder auf. Wieder das beklemmende Angstgefühl. Bin ich verloren?

Bilder gaukeln vor meinen Augen, wenn ich wieder in unruhigen Schlaf sinke. Ich sehe mich in der „Neuen Welt", ich sehe meine Familie vor einem Haus inmitten einer paradiesischen Landschaft. Zwischen dieses Bild schiebt sich ein anderes. Die Erde bebt, Flammen fallen vom Himmel. Wilde Stürme peitschen das Land und die Kreatur. Menschliche Leichname liegen herum, die von wilden Tieren zerrissen werden. Dazwischen ringen Männer und Frauen in abgerissener Kleidung, nackt und in Uniformen, um ihr Leben. Engel mit blitzendem Flammenschwert morden alles, was ihnen in den Weg kommt, Männer, Frauen, Greise und Kinder. Blut fließt in Strömen, Zerstörung, Vernichtung, grauenhaftes Ende!

Eine Gruppe Menschen steht an der Seite und schaut dem Blutbad zu, die Hände zu Jehova erhoben und frohlockend, Jehovas Zeugen!

Die Menschheit geht im Zorngericht Gottes zugrunde. Jehovas Zeugen dagegen werden von dieser Welt errettet. Ich werde mit den Gottlosen vernichtet. Tod, ewiger Tod, nichts ist mehr, ich bin nicht mehr. Die „Neue-Welt-Gesellschaft" lebt, und ich bin vergessen. Vergessen und vernichtet, weil ich an Jehovas Wahrheit gezweifelt habe. Es gibt kein Zurück mehr, ich sinke, versinke ins Nichts!

Unbeschreibliche Angst befällt mich. Ich will mich gegen meine Vernichtung wehren. Ich will schreien, doch kein Ton kommt über meine Lippen. Ich will den Untergang aufhalten, doch ich kann nicht. Wahnsinnige Schmerzen peinigen meinen Körper.

Bald, ja bald muß doch ein Ende sein! Bald müssen doch diese Schmerzen enden. Warum werde ich für meine Zweifel so gequält?

Ich erwache. Furchtbare Angst packt mich. War dies die Vision meines Endes? War dies eine Warnung von Gott? Mein Herz schlägt wild. Ich bin ganz verwirrt. Kein klarer Gedanke. Auch jetzt im Wachzustand kann ich meine Angst nicht bannen. Bin ich doch schon verloren? Aufrichtig habe ich Gott gedient, viele Jahre, und wenn mir Zweifel kamen, so doch nur, weil sie begründet waren. Ich muß die Zweifel überwinden! Wochenlang tobt in mir schon der Kampf, diese furchtbare Unruhe. Meine Kräfte zerfallen zusehends. Ich magere ab und bekomme nervöse Herzanfälle, die zeitweise zu Lähmungserscheinungen führen.

Mitten in einem Vortrag muß ich unterbrechen, ich kann nicht mehr weitersprechen, taumelnd erreiche ich meinen Stuhl. Werde ich von Gott gestraft? Plagen mich wieder Dämonen? Was soll ich tun?

Inbrünstig bete ich zu Jehova um Hilfe. Verzweifelt bitte ich ihn um Beistand in diesem Kampf. Aber Jehova scheint zu schweigen. Hilfe bei den Brüdern kann ich nicht erwarten. Sie warten nur darauf, bei mir eine Schwäche zu entdecken. Sie intrigieren untereinander, ich stehe ihnen im Wege. —

Immer öfter fehle ich bei den Zusammenkünften. Immer öfter bestimme ich einen anderen Bruder, mich zu vertreten. Mein Felddienst wird weniger. Ich habe keine Widerstandskraft mehr.

Meine Frau sieht meinen körperlichen Zerfall, doch sie ahnt nicht die Gründe. Ich möchte mich ihr nicht offenbaren, bis ich selbst Klarheit habe. Sie soll nicht auch noch an meinem furchtbaren Konflikt teilnehmen müssen. Alle meine Kraft muß ich zusammennehmen und mich aufraffen, um endlich zu einer Lösung zu kommen. Noch kann ich es schaffen.

Stundenlang sitze ich über der Bibel und studiere. Meine Bibelkenntnisse gehen weit über den Durchschnitt meiner Brüder hinaus. Die Bibel ist Jehovas Wort, welches mir helfen soll, in dieses Dunkel Licht zu bringen. Wieder und wieder nehme ich den Wachtturm und vergleiche, Nummer für Nummer. Ich komme einfach nicht weiter. Die Vergleiche verursachen immer mehr Verwirrung. Die Bibelzitate des Wachtturms sind fast immer aus dem Zusammenhang herausgerissen und beweisen, im Zusammenhang gesehen, einfach nicht, was die amerikanischen Brüder uns glauben machen wollen.

Die Worte Rutherfords kommen mir wieder in den Sinn, daß eine im Wachtturm gemachte Erklärung nicht mit der Allmacht Jehovas zu vereinbaren ist. Sind gar die Wachtturmerklärungen in ihrer Gesamtheit mit Jehova und der Bibel unvereinbar? Es scheint so.

Es gibt für mich nur einen Weg. Ich kann meine Zweifel nur lösen, indem ich ohne Vorurteile die Bibel und damit Gott persönlich befrage. So weit bin ich in meinen Überlegungen gekommen, als ich den neuesten Wachtturm erhalte, der das Thema „Triumph der bösen Geistermächte" behandelt. Hier versucht die Gesellschaft, ihre Anhänger vor dem Abfall zu warnen, indem sie diesen auf Einflüsse von Dämonen zurückführt. Die Gesellschaft verweist darauf, daß man einer Geisteskrankheit, dem Wahnsinn, verfallen könnte, wenn man sich den Dämonen preisgibt, da die Dämonen die Geisteskrankheiten verursachen:

> „Die Dämonen verfolgen nicht nur den Zweck, den Glauben an Gottes Wort, die Bibel zu zerstören, sondern sie wollen noch mehr, nämlich Besitz von deinem Leib und Sinn erlangen und dich vollständig beherrschen und dich so zur Geistesgestörtheit führen.

Schon im Jahre 1877 schreibt Dr. L. S. Forbes Winslow über geistigen Wahnsinn. Zehntausende Unglücklicher befinden sich zur Zeit in Irrenanstalten, weil sie sich mit dem Übernatürlichen abgegeben haben. (Daily Mail vom 23. Januar 1906.)

In einer Flugschrift, betitelt ‚Die Natur der Geistesgestörtheit, ihre Ursache und Heilung‘, zeigt D. J. Rymus, daß in vielen Fällen Wahnsinn einfach dämonische Besessenheit ist, und er zitiert aus dem Briefe eines Arztes aus Philadelphia, der vom 12. November 1884 datiert ist, und in dem dieser Arzt sagt: ‚Richter Edmons von New York (ein bekannter Spiritist) hat vor kurzem die Ansicht geäußert, daß viele der sogenannten Geistesgestörten unter dem Einfluß von Geistern stehen.‘ Dr. Edgar M. Webster, ein Mitglied der Abteilung für Geisteskrankheiten des amerikanischen Medizinischen Vereins, sagte zu Beginn dieses Jahrhunderts: ‚Oft sehe ich Geister, die bei meinen Patienten Geistesgestörtheit verursachen, und bisweilen höre ich sogar ihre Stimmen. Personen, von denen man sagt, sie seien rettungslos geistesgestört, sind häufig einfach verloren, weil sie unter der überwältigenden Macht eines Geistes oder bisweilen einer Menge von Geistern stehen.‘“ (The Watch Tower, 1. Aug. 1905, S. 229) (aus dem Wachtturm, 1. Mai 1956, deutsch.)

Ärzte und Gelehrte des vergangenen Jahrhunderts sollen dem Wachtturm im Jahre 1956 bestätigen, daß Geistesgestörtheit durch dämonische Besessenheit bewirkt wird. Im Jahre 1956 ist Wissenschaft und Forschung zu ganz anderen Erkenntnissen gelangt, die auf anerkannten Tatsachen beruhen.

Zwei Wochen später. Vor mir liegt die Zeitschrift „Erwachet“. Erstaunt, um nicht zu sagen erschüttert, lese ich den Artikel „Erfolgreiche Behandlung von Geisteskrankheiten“. „Erwachet“ erklärt Geistesgestörtheit, Geisteskrankheiten als Folge biologischer, erblicher, organischer und anderer Umwelterscheinungen und -bedingungen. Von Dämonen ist kaum die Rede.

Wenn aber die Hauptursache von Geistesgestörtheit in der

Dämonie zu suchen ist, wie der „Wachtturm" lehrt, wie kann man dann Geistesgestörte mit Hilfe von Chirurgie, Elektrizität, Medikamenten, Musik, Ernährung, geselligen Anlässen, Tanzabenden, Ausflügen und Vergnügen heilen, wie „Erwachet" berichtet?

Hier liegt doch ein offener Widerspruch vor. Sind sich die Brüder, die „Erwachet" schreiben, nicht mit denen einig, die den „Wachtturm" verfassen? Oder scheint die WT-Gesellschaft nicht recht zu wissen, wann und wie die Dämonen eigentlich wirken?

Um die Widersprüche zu vertuschen, anders kann ich mir das nicht erklären, schiebt der „Erwachet"-Artikel so nebenbei die Bemerkung ein, man solle auch die Dämonen nicht vergessen.

Wenn, wie hier, die Widersprüche mit Händen zu greifen sind, kann die Lehre über Dämonen der Gesellschaft ja niemals der Wahrheit entsprechen.

Was sagt die Bibel über Dämonen?

Die obigen Erklärungen der Gesellschaft waren dazu angetan, die Zweifel an ihrer Glaubwürdigkeit zu erhöhen. Will mir die Gesellschaft heute Vorwürfe machen, weil ich mich entschieden der Bibel zuwandte und die Wachtturm-Lehre mit der Bibel verglich?

In ihrem Textbuch „Make Sure of All Things" mahnt die Gesellschaft im Vorwort, man solle „nicht blindlings nur e i n e Darlegung der Wahrheit annehmen", sondern sich an das Beispiel der Juden-Christen halten, über welche in der Apostelgeschichte berichtet wird: „Sie nahmen mit aller Bereitwilligkeit das Wort auf, indem sie täglich die Schriften untersuchten, ob dies sich also verhielte." (Apg 17,11.)

Weiter, wenn schon die Juden, denen die göttliche Offenbarung Christi von den Aposteln verkündigt wurde, prüfen sollen, ob die Lehre mit der Schrift übereinstimme, wieviel mehr wir heute, Jahrhunderte, ja fast zwei Jahrtausende nach der Zeit der Urkirche.

Die Hinweise, ja die entschiedene Aufforderung der Apostel, uns über alle Dinge zu vergewissern, schließt an sich aus, daß Ungewißheit über eine Religionslehre unbedingt dämonischen Ursprungs sei. Auch können Dämonen mich nicht davon abhalten, mich vertrauensvoll dem wirklichen Worte Gottes zuzuwenden. Es sei denn, ich wolle mich nicht dem Willen Gottes unterordnen, sondern gegen ihn auflehnen.

Was hat die Bibel über die Dämonen auszusagen? (2 Petr 2,4) Auf Grund der Heiligen Schrift steht fest, daß böse Geister existieren. (2 Petr 2,4; 1 Joh 3,8; Offb 12,7; Mt 25,41).

Auch gewährt die göttliche Offenbarung Einblick in das Wirken Satans und seines Anhanges. Die Bibel berichtet von Fällen teuflischer Besessenheit, in denen der Teufel vom menschlichen Leib Besitz ergriffen hatte. Christus übte die Macht der Teufelsaustreibung aus und übertrug diese Gewalt auch auf seine Apostel. (Vgl. Mk 1,23; Mt 8,28 f; 9,32; 12,22 f; Lk 10,17 f; 13,11 f; Apg 16,16; 19,12) Auch daß der Satan indirekt auf den Geist des Menschen wirken kann läßt sich anhand der Bibel nicht bezweifeln. Die Heilige Schrift zählt satanische Versuchungen mannigfacher Art auf: Die Stammeltern der Menschen wurden von Satan versucht (Gn 3,1 f). An Christus trat der Versucher heran (Mt 4,1 f), Judas hat er zum Verrat verleitet. Der Teufel hat verlangt, die Apostel Christi „wie Weizen zu sieben" (Lk 22,31). Ananias und Saphira wurden verführt, den Hl. Geist zu belügen (Apg 5,3). Zu verschiedensten Einzelsünden kann Satan verführen: zu Unglauben, zu Hochmut (1 Tim 3,6 f), zur Habsucht (1 Tim 6,19), zu Streit und Zwietracht (Röm 16,20), zu Zorn und Feindschaft (2 Kor 2,11). Daher mahnte Petrus, man solle sich hüten, vor den Nachstellungen des Bösen Feindes, der „wie ein brüllender Löwe umhergeht und sucht, wen er

verschlingen könne" (1 Petr 5,8). Auch wenn der bibelgläubige Christ ein vielfältiges Wirken der Dämonen in der
Welt annehmen muß, er wird sich hüten müssen, die vielen
Fälle von Geisteskrankheiten mit dem „Wachtturm" einfach als dämonische Besessenheit zu erklären, oder jeden
Zweifel an seinem Irrglauben den Dämonen zuzuschieben.
Besteht doch der Glaube gerade aus der Überzeugung, die
man nach ernster Prüfung gewonnen hat. Andererseits soll
die Wachtturm-Gesellschaft nicht so tun, als ob die Dämonen nie an Zeugen Jehovas, nie an die „Neue-Welt-
Gesellschaft" herantreten könnten!

> „Die bösen Geistermächte haben Gelingen gehabt, die
> ganze bewohnte Erde, nicht aber die ‚Neue-Welt-Ge-
> sellschaft' der Zeugen Jehovas irrezuführen." (Wacht-
> turm 1956, deutsch, S. 280.)

Ist die „Neue-Welt-Gesellschaft" der Zeugen Jehovas nie
irregeführt worden? Ich möchte erinnern an Rutherfords
Feststellung, „daß die im Wachtturm gemachte Erklärung
mit dem Allerhöchsten gänzlich unvereinbar sei". Wie
sollte man jemanden als verläßlich ansehen, als glaubwürdig und gegen Dämonen gefeit, der sich in Widersprüche
verwickelt hat?

Da die Brüder in Brooklyn einmal den Dämonen das Wort
reden, dann aber wieder versuchen, das Wirken der Dämonen durch Wissenschaft auszuschalten, kann man ihre
Dämonenlehre nicht mehr ernst nehmen. Sie haben sich
mit ihren Dämonenvorstellungen in Widersprüche ver-
fangen. Diese Erkenntnis ermutigte mich zu einem intensiven Studium der anderen Wachtturmlehren.

Das Erkennen offensichtlicher Widersprüche und Irrungen
kann niemals von Dämonen inspiriert sein.

Aufrichtig möchte ich Gott dienen, darum nehme ich die
Worte des Apostels sehr ernst: „Geliebte, glaubet nicht
jedem Geiste, sondern prüfet die Geister, o b s i e a u s
G o t t s i n d ; denn viele falsche Propheten sind in die
Welt ausgegangen."

Von heute an soll dies all meinem weiteren Forschen und Handeln als Leitwort dienen!

Woher kommt, was ist die WT-Gesellschaft?

„Mit Stolz nennen wir Zeugen Jehovas unsere Organisation die ‚einzig wahre Religion' und führen unseren Ursprung auf Abel, den ersten Märtyrer zurück. Wir haben also als älteste Religionsgemeinschaft der ganzen Welt zu gelten." Heute mutet es mich vermessen an, so etwas zu behaupten! —

Wann und wo ist die Religionsbewegung der Zeugen Jehovas wirklich entstanden, stellte sich als nächste Frage. Es stimmt, Abel war ein treuer Gotteszeuge und mit ihm viele Treue und Heilige der vergangenen Jahrtausende. Doch haben sie mit den heutigen Zeugen Jehovas etwas zu tun? Nein, wir müssen unseren Ursprung anderswo suchen.

Der Gründer der sog. neuzeitlichen Zeugen Jehovas hieß Charles Taze Russel, ein junger amerikanischer Kaufmann aus Pittsburg in Pennsylvanien.

Er entdeckte 1874, daß niemand mehr seit dem Tode der Apostel die Bibel richtig verstanden hat. Keiner legte sie richtig aus. Russel allein hat durch Gottes Gnade den Schlüssel zur richtigen Bibelauslegung gefunden, weil Gott es nun an der Zeit gehalten hat, die Zeiten der Unwissenheit der Nationen über sein Wort, die Bibel, zu beenden. Russel behauptete, die ganze christliche Geistlichkeit sei seit dem Tode der Apostel mehr und mehr von der Urkirche abgefallen. Sie sei so zu einem Instrument Satans geworden im Kampfe der ganzen Welt gegen Gott.

Wie Russel selbst schreibt, war er Presbyterianer. Er war sehr religiös veranlagt. Die Lehre seiner Kirche paßte ihm nicht. Deshalb zog er suchend von einer Gemeinschaft zur anderen. Als er nirgends die „Wahrheit" fand — wie konnte er damals schon wissen, was Wahrheit ist — sagen wir besser, als er nirgends die Religion seiner Vorstellung fand, gründete er eine eigene Bibelstudiengruppe.

Vor mir liegen nun seine Werke. Die sieben Bände „Schriftstudien", von denen er sagte, daß sie wichtiger als die Bibel seien, weil ohne sie niemand die Bibel richtig verstehen könne. Wie konnte er sich zu solch einer Behauptung versteigen?

Ohne jede theologische Vorbildung war doch natürlich von einem jungen Mann von 20 Jahren nicht zu erwarten, daß er zu einem ernsten, wissenschaftlichen Bibelstudium finden würde.

So muß ich denn in seinen Büchern Lehren lesen, über die ein heutiger Zeuge Jehovas, gelinde gesagt, den Kopf schütteln würde. Ja, ich fand Lehren, von denen die Wachtturm-Gesellschaft heute annimmt, daß sie von Satan, dem Teufel, ins Leben gerufen seien, wie z. B. die Lehren über den Zionismus und die Pyramide von Gizeh.

Russel, der ein ordentliches Vermögen besaß, gründete im Jahre 1881 die WT-Gesellschaft in Pittsburg (Pennsylvanien). Seine Person war sehr umstritten. Viele bezeichneten ihn als einen gütigen, allezeit sanftmütigen Menschen. Liest man aber seine Auslassungen, hemmungslosen Verleumdungen und Falschanklagen gegen andere Religionen, muß man wohl oder übel zu einem anderen Urteil kommen. Beispiele finden sich dafür in seinen Büchern mehr als genügend. Auf Band 3, Seite 93, und Band 4, Kapitel 2 der Schriftstudien und die Schrift „Der Fall Babylons" sei besonders hingewiesen.

Einiges Aufsehen erregte Russel mit seiner Wunderweizen-Geschichte, sodann mit seinen unerfreulichen Verhältnissen in der Ehe. Viel ist um die spätere Ehescheidung gesprochen und geschrieben worden. Wie oft haben wir darüber im Wachtturm gelesen. Wie oft hat die Gesellschaft versucht, die sog. „Qualle-Angelegenheit" als sehr harmlos darzustellen.

Mir fiel eine Broschüre in die Hand, betitelt „Die Zeugen

Jehovas" von A. Ebneter, Beiheft 1 der „Orientierung"
(Zürich 1956). Darin heißt es auf Seite 7, Fußnote 13: „Die
Klage der Frau auf Ehebruch soll nach den Aussagen der
heutigen Zeugen Jehovas nicht bewiesen sein, obwohl The
Dictionary of American Biography vom Jahre 1935 noch
schreibt: ‚Der Ehebruch wurde als bewiesen angenommen
und trotz fünfmaliger Appellation Russels immer aufrechterhalten' (Bd. XVI, 99)."

Somit dürfte anzunehmen sein, daß die Beteuerungen der
Brüder in Brooklyn, Russels Ehe sei nicht wegen Ehe-
bruchs geschieden, nicht stimmen.

Beim weiteren Studium der Literatur Russels fand ich,
daß er anhand der Bibel 1874 als das Jahr der Wiederkunft Christi errechnet hatte, daß nach Russel vor 1915
die Schlacht von Harmagedon geschlagen sein sollte und
1914 das „Millenium", d. h. das tausendjährige Königreich
Christi einsetzen würde. Er selbst erwartete, 1914 in den
Himmel zu kommen. Dasselbe glaubten alle anderen damals lebenden Zeugen Jehovas. Zudem sollten bis zu
diesem Zeitpunkt die Regierungen auf Erden verschwunden und die Kirchen vernichtet sein.

Daß seine Voraussagen, die „auf Grund der Bibel" unumstößlich feststanden, nicht eintraten, bereitete Russel
viel Kummer. Doch er fand einen Ausweg. „Der Herr
verzieht noch eine kleine Zeit", war seine Rechtfertigung.
Vor der Erkenntnis seines erneuten Irrtums bewahrte ihn
der Tod 1916.

Wie die Brooklyner Theokratie entstand

Unter Russels Nachfolgern wurde Jehovas Herrschaft
oder die „Theokratie" eingeführt. Um mir darüber ein
genaues Bild zu machen, zog ich alle historischen Berichte
über die Entwicklung der WT-Gesellschaft in den Jahren
1916–1919 heran. Einen sehr guten Einblick gibt das
„neutrale" Buch von Marley Cole, „Jehovas Zeugen", das
selbst von der WT-Gesellschaft vertrieben wurde. Es lag

auf fast allen Büchertischen der Versammlungen in der ganzen Welt.

Cole schildert das Geschehen um die Nachfolge Russels wie folgt:

„Pastor Russels Tod war anscheinend das Signal zum Großkampf um den Vorrang im Vorstand der Gesellschaft gewesen.

Knapp vor seinem Tode hatte Mr. Russel Vorkehrungen zur Umgestaltung des Personals im Hauptquartier oder Bethel getroffen. Zu seinem Plan gehörte die Absetzung einiger der höchsten Beamten mit Einschluß des Vizepräsidenten, sowie der Aufstieg anderer aus den untersten Rängen. Die abgesetzten Mitglieder hätten wohl ihren verletzten Stolz hinuntergewürgt, wenn der Pastor noch zu seinen Lebzeiten den Wechsel vorgenommen hätte. Als Rutherford diese Veränderung durchführte, konnten sie sich nicht damit abfinden. Fünf Monate, nachdem er die Präsidentschaft angetreten hatte, lehnten vier von sieben Direktoren es ab, seine Machtbefugnisse anzuerkennen.

Vier Vorstandsmitglieder wünschten eine Neueinteilung. Vor allem wollten sie, daß alles, was Rutherford tat, von der Zustimmung des Vorstandes abhängig gemacht wurde. Dieses Direktorium, behaupteten sie, sei die höchste Autorität, und der Präsident sei nur eine Repräsentationsfigur. Wie die Dinge standen, handhabe der Präsident selbst die Verwaltung, ohne die Vorstandsmitglieder zu befragen.

Rutherford kümmerte sich nicht um den Widerstand. Vor ihm hatte es Pastor Russel ebenso gehalten. Der Pastor faßte die Beschlüsse und gab administrative Anordnungen heraus, ohne vorherige Zustimmung des Vorstandes. Mit Russel hatte sich die Opposition abgefunden, aber Rutherford war nicht Pastor Russel.

Als sie Rutherford stürzen wollten, mußten die vier Direktionsmitglieder die Erfahrung machen, daß sie vier Flaschenkorken glichen, die gegen den Felsen von Gibraltar sprangen. Rutherford war ein Mann von gefürchteter persönlicher Macht. Gegen seine kraftvolle Persönlichkeit vermochten sich nur wenige Menschen zu behaupten. Er war auch klug.

,Es ist euch entgangen, Brüder', sagte er, ,daß ihr alle vier Mitglieder der pennsylvanischen Körperschaft seid. Die Satzungen dieser Körperschaft besagen, daß ihr im Staate Pennsylvanien gewählt werden müßt. Seid ihr dort gewählt worden?'

,Nein', antworteten sie.

,Ihr wurdet im Staate New York gewählt. Wollt ihr nun streng sachlich werden, dann sage ich euch streng sachlich, daß ihr vor allem keine legalen Mitglieder der Körperschaft seid.'

,Und warum wurde keine legale Wahl vorgenommen?' fragten sie.

,Der Pastor ließ einige Jahre die Wahlen im Staate New York abhalten. Bisher hat deshalb niemand Schwierigkeiten gemacht', erwiderte er. ,Wir kamen gut miteinander aus, bis ihr anfingt, euch aufzulehnen. Nur drei Mitglieder des Aufsichtsrates — Pierson, Van Amburgh und Rutherford selbst — waren ordnungsgemäß in Pennsylvanien gewählt worden', betonte er. Dann holte er zum Gegenschlag aus:

,Eine andere Bestimmung in den Satzungen sieht vor, daß der Präsident befugt ist, ein Mitglied in den Vorstand zu ernennen, falls die Körperschaftsmitglieder nicht innerhalb von dreißig Tagen ein neues Mitglied wählen.

Da ihr vier keine legalen Mitglieder seid und die dreißig Tage längst vorbei sind, seit legale Ernennungen vorgenommen wurden, werde ich euch sagen, was ich getan habe.' ,Ich habe in Pennsylvanien vier legal eingesetzte Mitglieder in den Vorstand ernannt. Sie nehmen eure Stellen ein', schloß er." (S. 88—91 bei M.C.)

Mir drängte sich die Frage auf: Wo ist hier ein Eingreifen Jehovas, ja seine Einsetzung der Leitenden Körperschaft zu erkennen? Ich mußte gestehen, nirgends!

Wohl war die „Wahl" der leitenden Körperschaft streng nach Statuten vollzogen worden, die in diesem Augenblick alle anerkannten, obwohl sich bisher niemand darum gekümmert hatte. Doch ging es bei dieser „Wahl" weder ehrlich noch „theokratisch" zu.

Auf diese Weise soll Jehova seinen Diener Rutherford gewählt haben? Dieser Bericht spricht klar dagegen. Um selbst Präsident zu werden, ließ Rutherford 31 Mitglieder ausschließen. Ich hatte den Eindruck, hinter die Kulissen einer politischen Partei zu schauen, als ich die Berichte über die Machtkämpfe für und wider Rutherford las. Soll ich nun angesichts der Art, wie Rutherford die Führung über die Zeugen an sich riß, glauben, Jehova selbst sei für die Organisation seiner Geschöpfe verantwortlich? — Er überträgt ihnen Macht und Autorität und gibt durch sie Anweisungen? Beim besten Willen, nein! Ich würde damit doch etwas Unmögliches glauben und stände schließlich vor Gott schuldig da.

Das Ausscheiden der Rebellen damals erklären heute Jehovas Zeugen als „das Reinigen des Tempels durch Jesus Christus", den 1914 im Himmel inthronisierten König der Neuen Welt. Nach der heutigen Lehre soll die Reinigung erst 1918 stattgefunden haben. Bei meinen Studien der Literatur dieser Zeit, mußte ich feststellen, daß dies nicht stimmen kann. Damals glaubten ja alle noch das, was Russel gelehrt hatte, nämlich, daß Christus 1878 zu seinem Tempel gekommen war und ihn zu dieser Zeit gereinigt hat. Russel berief sich bei dieser Darlegung auf die Unabänderlichkeit der Vorsätze Gottes. Woher dann zwei verschiedene Zeiten der „Reinigung"? Es können doch nicht beide zugleich stimmen. Noch dazu, wenn von beiden behauptet wird, Jehova hätte sie unabänderlich festgesetzt.

Mehr und mehr Verirrungen, ich möchte sagen, auch Irreführungen traten zutage. Noch immer faßte ich nicht die ganze Tragweite der bisherigen Studienergebnisse. Es wird manchen Zeugen, die diese Zeilen lesen, genau so ergehen. Die Macht der Gewohnheit ist gewaltig. Es braucht Zeit, bis man die jahrelange Gewohnheit, wie die WT-Gesellschaft zu denken, abgelegt hat.

Noch eines stimmt nachdenklich an der Wahl Rutherfords. Wenn Rutherford von Jehova selbst in sein Amt eingesetzt wurde, warum mußte er an 813 zu dieser Zeit bestehende Versammlungen die Vertrauensfrage stellen?

Die Versammlungen sprachen ihm mit Mehrheit das Vertrauen aus und hatten somit Rutherfords Wahl demokratisch, und nicht theokratisch, gebilligt!

Das Geschehen um die Präsidentenwahl bestärkte mich im Entschluß, nun die ganze Lehre der Zeugen zu prüfen und mich dann auf Grund unleugbarer Tatsachen zu entscheiden. Noch immer versuchte ich am Glauben eines Zeugen Jehovas festzuhalten, ihn gegen die neue Einsicht zu verteidigen.

Noch skeptischer stimmte mich, was das Jahrbuch 1946 über eine Sitzung des Vorstandes der WT-Gesellschaft berichtete. Dort heißt es, daß die pennsylvanische Körperschaft 438 Mitglieder hat, die im Besitz von Anteilscheinen sind! Was sind Anteilscheine, doch Aktien!

Ist die WT-Gesellschaft eine Aktien-Gesellschaft? Man müßte es hiernach annehmen!

Der ehemalige Kreisdiener Schnell aus Amerika nennt in seinem Buche „Falsche Zeugen stehen wider mich" die Wachtturm-Gesellschaft mehrere Male eine Aktien-Gesellschaft. Schnell arbeitete jahrelang unter Rutherford im Hauptbüro Brooklyn und wurde von ihm mit Sonderaufträgen betraut, er dürfte es genau wissen.

Sollte unsere „Theokratie" doch etwas ganz anderes als Jehovas Organisation sein, eine Aktiengesellschaft?

Führt Jehova?

Hier ist d i e Frage, über die ich mir endlich Gewißheit verschaffen mußte. Meine Verantwortung vor Gott und den Menschen forderte jetzt klare Antwort. Der Frage, ob Jehova die WT-Gesellschaft führt, konnte ich nicht mehr ausweichen. Schon auf Grund der bisherigen Erkenntnisse war der Glaube an Jehovas Führung ins Wanken geraten. Doch wollte ich genau prüfen und mir ein endgültiges Urteil erst bilden, wenn ich alles Für und Wider erwogen hatte. Damit stellte ich mich allerdings gegen den Wachtturm, der fordert, alle Kritik im Namen Gottes zu unterdrücken:

> „Um alle unsere Schwierigkeiten zu überwinden, brauchen wir nur Jehovas Weisungen anzunehmen, sie in freudiger Geistesverfassung auszuführen und die Neigung zum Kritisieren dessen, was wir tun sollen, zu unterdrücken" (WT. 1955, deutsch, S. 316).

> „Wenn wir das bestimmte Empfinden haben, etwas sei verkehrt, werden wir ,das Gebot unseres Vaters' halten und alle theokratischen Schritte tun, die wir tun können, und werden auf Jehova warten. Wir werden die ,Belehrung unserer Mutter' (Wachtturm-Gesellschaft) nicht verlassen, indem wir sogleich zu kritisieren und Fehler zu suchen beginnen" (WT. 1957, deutsch, S. 412).
> „Es mögen in der Organisation Dinge geschehen, die wir nicht verstehen. Die Diener mögen einer Handlungsweise folgen, die wir als unrichtig erachten. Deswegen Kritik zu üben würde eine unvernünftige Haltung verraten" (WT. 1957, deutsch, S. 408).

So sollte ich also weiterhin annehmen, daß die Anweisungen der WT-Gesellschaft die Anweisungen Jehovas sind, sollte mich als untergeordneter Diener um Dinge und Vorkommnisse in der Organisation kümmern, die ich nicht verstand, ja die ich verurteilen mußte? Fühlten sich denn unsere Brüder in Brooklyn niemanden gegenüber verantwortlich, konnte ihr Wille der Wille Jehovas sein? Mir erschien es als Vermessenheit, was ich im Wachtturm 1956, deutsch, S. 474, fand:

> „Da dem ‚treuen und verständigen Sklaven' (Wachtturm-Gesellschaft) alle Güter des Meisters anvertraut worden sind, laßt uns mit dem richtigen geistigen Wahrnehmungsvermögen die Sache so ansehen, daß — was immer der ‚treue Sklave' tut — zu unserem Guten gereicht. Der Sklave erfüllt dadurch seine eigene Pflicht vor Jehova, daß er das Werk Jehovas tut. D a h e r i s t d e r W i l l e d e s S k l a v e n d e r W i l l e J e h o v a s. R e b e l l i o n g e g e n d e n S k l a v e n i s t R e b e l l i o n g e g e n G o t t."

Niemals konnte der Wille der „Sklaven in Brooklyn" der Wille Jehovas sein! Jehova konnte doch nicht wollen, daß unter seinen „Zeugen" auf der ganzen Welt durch die WT-Gesellschaft Verwirrung gestiftet wird.

Bei meinen bisherigen Studien hatte ich keinen Beweis gefunden für die Behauptung, „der Meister" habe der WT-Gesellschaft alle Güter anvertraut. Lange und umsonst habe ich zu meiner und der WT-Gesellschaft Rechtfertigung nach dieser Bestätigung gesucht. Die Worte des Propheten „Ihr seid Meine Zeugen" waren kein Beweis dafür, daß Gott die Zeugen-Führer, die sogenannte „leitende Körperschaft" gesandt hat. Nicht aus dem Zusammenhang gerissene Bibelworte haben Beweiskraft, sondern die Lehren und Taten, die mit der Bibel insgesamt übereinstimmen.

Gab die Bibel dem Wachtturm das Recht, von uns im Namen Gottes die Unterdrückung jeder Kritik zu fordern? Nicht einmal die Apostel haben dies von den Mitgliedern der Gemeinde in der Urkirche verlangt. Ja, sie rieten ihren Hörern, das, was sie predigten, mit der Schrift zu vergleichen.

Warum durften wir als Zeugen die Worte „Vergewissert euch über alle Dinge" (1 Thess 5,21) nicht im vollen Sinne anwenden? Einerseits forderte uns die WT-Gesellschaft auf, a l l e s gewissenhaft zu prüfen, andererseits sollte ihre eigene Lehre von der Prüfung ausgenommen sein. Selbst wenn direkte Gegensätze der WT-Lehre zur Bibel festgestellt werden, sollte man nicht kritisieren.

Um Jehovas Führung in Brooklyn!

Leitet wirklich Jehova seine Zeugen, dann müßte sich sein allmächtiger Einfluß besonders in Brooklyn bemerkbar machen. Der Präsident der WT.-Gesellschaft und seine engsten Mitarbeiter müßten sich besonderer Gunst Jehovas erfreuen. Sie werden ja als „leitende Körperschaft" bezeichnet.

Demokratische Theokratie

Der Wachtturm vom 1. 8. 1956 lehrt auf Seite 474, „Jehova ist für die Organisation seiner Geschöpfe verantwortlich; er überträgt ihnen Macht und Autorität und gibt Anweisung"!

Diese Worte sind natürlich auf die Wachtturm-Gesellschaft und Jehovas Zeugen bezogen. Damit wäre die Theokratie begründet. Bisher hatte auch ich bedenkenlos alle diese kühnen Behauptungen unserer Brüder als Wahrheit angenommen. Mein jetzt kritisch gewordener Geist gestattete nicht mehr, Wachtturm-Thesen unbesehen zu glauben.

Ich habe bereits erwähnt, daß es schon bei der Wahl Rutherfords zum Präsidenten nicht „theokratisch" zuging. Jetzt untersuchte ich die Berichte über die Wahl Knorrs und seiner Getreuen. War hier eventuell ein Mitwirken Jehovas festzustellen? Über die Wahl berichtet der Wachtturm vom 1. 1. 1956, Seite 10, wie folgt:

„Am Nachmittag des 13. Januar 1942 kamen alle Mitglieder der zwei Ausschüsse im Gesellschaftsraum des Bethelheimes in Brooklyn zusammen. Nathan H. Knorr, der bei der letzten allgemeinen Wahl in Pittsburgh zum Vizepräsidenten gewählt worden war, hatte einige Tage vorher die Glieder der Ausschüsse gebeten, Gott unter

Gebet und Überlegung ernstlich um Weisheit anzuflehen, damit sie richtig geleitet werden mögen, und dies hatten sie getan.

Die gemeinsame Versammlung wurde mit Gebet eröffnet, wobei man besonders bat, Jehova möge Weisheit geben in der Wahl von Dienern nach seinem Willen, die ihn in der gesetzlich vorgeschriebenen Weise in den Organisationen vertreten sollten. Nach gebührender, sorgfältiger Erwägung wurden folgende Brüder zu ihren diesbezüglichen Stellungen ernannt und einstimmig gewählt: Nathan H. Knorr als Präsident, und Hayden C. Covington als Vizepräsident der zwei Körperschaften.

Später am selben Tag wurden anläßlich einer Zusammenkunft der Bethelfamilie in Brooklyn die Ergebnisse der Wahl vom Sekretär des Direktionsausschusses bekanntgegeben, und dies löste Begeisterung aus."

Schon beim ersten Lesen des Berichts fiel mir auf, daß die zu wählenden Brüder Gottes Vertreter auf der Erde sein sollten.

Nanu? Bisher behauptete doch die Gesellschaft immer, Gott brauche auf Erden keine Vertreter oder Stellvertreter. Warum fühlen sich jetzt die neuen Diener auf einmal als Jehovas Vertreter? — Bei dieser Handlung geschah alles unter Gebet. Jehovas Weisheit sollte die Wahl seiner Stellvertreter beeinflussen. Unter Gebet um Weisheit von Jehova und um seine Fügung wurde ein u n g e e i g n e - t e r Vizepräsident gewählt. Wäre Jehova seiner Organisation bei dieser Wahl beigestanden, hätte Er in dieser so wichtigen Sache seiner irdischen Organisation keinen Mißgriff geduldet, hätte keinen ungeeigneten Vizepräsidenten wählen lassen. C. Covington, das war doch derselbe Mann, von dem im Jahrbuch 1946, S. 253—257, berichtet wird:

„Am 24. September 1945 gab H. C. Covington den weiteren Dienst als Direktionsmitglied und Vizepräsident der Watch Tower Bible and Tract Society von Pennsylvanien bereitwillig auf, nicht etwa um Verantwortlichkeiten auszuweichen, sondern eher um mit dem in Übereinstimmung zu sein, was des Herrn Wille für alle Direktionsmitglieder und künftige Amtspersonen der Gesalbten zu sein schien, da seine Hoffnung darauf gerichtet war, zu den ‚anderen Schafen‘ zu gehören. An seine Stelle wurde W. E. Franz zum Vizepräsidenten gewählt. Bruder Covington ist weiterhin das Haupt der Rechtsabteilung der Gesellschaft geblieben." (... Wachtturm 1956, S. 10.)

Und zu einer weiteren Erkenntnis führte mich dieser Wahlbericht noch. Was die „leitende Körperschaft" ihren Anhängern verbietet, sich nämlich in den Orts- und Kreisversammlungen als Diener wählen zu lassen, also „in Demokratie zu machen", das tut sie selbst. Hat Jehova oder Christus je eine gegenseitige Wahl der Führer des Gottesvolkes angeordnet? Wo ist nach solch gegenseitiger Wahl die „leitende Körperschaft"[1]) von Christus Jesus und Jehova eingesetzt? Wo geleitet? Die leitende Körperschaft dürfte nicht mit der Wachtturm-Geschäftsfirma identisch sein, da ja der Überrest der sog. 144 000 Auserwählten als „leitende Körperschaft" bezeichnet wird. Der heute noch lebende „Überrest der Leibesglieder Christi"[2]), wie die 144 000 bezeichnet werden, wird als Knecht betrachtet, der die Speise zur rechten Zeit serviert. Muß nicht der Knecht, das heißt die Gesamtheit aller Auserwählten, einen Einfluß auf die Wahl der „leitenden Körperschaft" haben?

---

[1]) Die „leitende Körperschaft" bei den Zeugen soll der Leitung der Urkirche durch die Apostel entsprechen.

[2]) Nur 144 000 Auserwählte sind bei den Zeugen Glieder des Leibes Christi, und ihr „Überrest" (d. h. die jetzt, in der Endzeit, Erwählten) soll heute die Leitung, d. h. die „leitende Körperschaft" der Zeugen sein. In der Neuen Welt werden diese 144 000 im Himmel mit Christus die Regierung der Neuen Welt bilden.

Wo haben aber die Überrestglieder außerhalb Brooklyns jemals über die zu wählende „Leitende Körperschaft" abgestimmt?

Wie kann sich die „leitende Körperschaft" mit der Urkirche vergleichen?

Lesen wir doch einmal in der Apostelgeschichte den Bericht über das Apostel-Konzil in Jerusalem nach. Dort wird ein ganz anderes Vorgehen der Urkirche geschildert. Apg 15,1 bis 35.

In der Urkirche waren verschiedene Lehrmeinungen entstanden. In Jerusalem versammelten sich die Apostel und die Ältesten vor der ganzen Gemeinde und besprachen öffentlich ihre Meinungen, ohne vorher eine Anleitung von einem Präsidenten bekommen zu haben, also frei. Ja man sah deutlich die verschiedenen Meinungen, über die erst vor der Öffentlichkeit entschieden wurde. Wie ganz anders bei der „Neuen" Urkirche der Zeugen Jehovas. Wo werden da von den Auserwählten Jehovas Lehrfragen besprochen, in denen Meinung gegen Meinung steht? So etwas gibt es da nicht.

Die Apostel zeigen uns auch in Kap. 6, Vers 1—6, daß die Methode, nach der die Diener der WTG in ihr Amt eingesetzt werden, nicht dem Vorbild entspricht, auf das die Zeugen immer wieder verweisen.

Nicht ein autoritärer Präsident setzte damals die Diener ein, sondern die Versammlung bestimmte sie aus ihrer Mitte nach reiflicher Überlegung, und dann wurden sie von den Aposteln bestätigt. Die ganze Versammlung wählte Stephanus, einen Mann voll des Glaubens und Heiligen Geistes aus ihrer Mitte und noch andere Diener. Die Versammlung stellte diese erwählten Männer den Aposteln vor, und diese legten den Erwählten unter Gebet die Hände auf. Wie ganz anders heute bei den Zeugen Jehovas. Brooklyn ist absolute Autorität. Niemand hat das Recht, irgendein Wort aus dem Munde der „leitenden Körperschaft" in Frage zu stellen. Brooklyn fordert für sich diktatorische Rechte; denn, wie schon erwähnt, „der Wille der Wachtturm-Gesellschaft ist der Wille Jehovas". Will die irrende WT-Gesellschaft etwa Jehova ihren Willen aufzwingen? Mit diesem Ausspruch des Wachtturms stellt sich die Gesellschaft über Gott. In meinen Augen ist dies Gotteslästerung.

Die Wachtturm-Gesellschaft lästert Gott? Ja, nachdem ich nüchtern überlegt und die Wachtturm-Literatur immer wieder mit der Bibel verglichen hatte, kam ich zu diesem Schluß. Trotz der mich befallenden Angst mußte ich ihn aufrechterhalten. Und trotz mancher Bedenken sah ich mich genötigt, Wachtturm-Lehre und Bibel einander gegenüberzustellen. Ich durfte doch nicht einfach glauben, weil Menschen behaupten, Zeugen Gottes zu sein. Vor Gott hatte ich die Pflicht, den Glauben zu prüfen, gerade dann, wenn sich Unklarheiten zeigten. Ich kann nicht später vor Gott treten und sagen: „Herr, nicht ich bin schuldig, sondern die WT-Gesellschaft, sie hat mich verführt." Wäre die WT-Gesellschaft wirklich Gottes Organisation, müßte sie sich ganz anders entwickelt haben, müßte sie ganz anders handeln. So zwang sich mir geradezu der Schluß auf: Jehova führt die Zeugen nicht!

Doch ich suchte nach noch mehr Beweisen, ich mußte die letzte Unruhe in mir beseitigen.

Taumel der Begeisterung

„Glückliche Neue-Welt-Gesellschaft" heißt es, wenn Jehovas Zeugen sich auf Kongressen versammeln. Ich denke an die Kongresse in Berlin-Waldbühne oder Nürnberg. Wie schlug da unser Herz höher, wenn wir inmitten der großen Massen von Brüdern die „neuen Wahrheiten" hörten. Wie waren wir, ohne zu überlegen, bereit, einer Proklamation oder Resolution zuzustimmen, die dann von der Gesellschaft in alle Welt getragen wurde. Wie glücklich waren wir Tausende, wenn wir es wieder der Welt zeigen konnten, wie Gottes Volk handelt. Wie gewaltig klangen in unsern Ohren die herausfordernden Botschaften an die Weltmenschen.

Jehovas Zeugen haben es in ihrer Geschichte schon immer so gehalten. Aber was wurde da alles im Namen Gottes und der Tausende von Zeugen in die Welt hinausgerufen:

Hauptversammlung in Cedar Point (Ohio, USA) 1922

Eine Proklamation, überschrieben:

> „Ein Aufruf an die Führer der Welt! — Weltfriede, Wohlfahrt und Glück der Menschheit können nicht durch internationale Konferenzen erreicht werden — Das wahre Heilmittel — Eine Lebensfrage für alle Nationen der Erde — Internationale Bibelforscher nehmen eine Resolution an."

Im Laufe einiger Wochen wurden 35 000 000 Exemplare dieser aufregenden Gerichtsbotschaft, die von Jehovas Zorn Ausdruck gab, in der ganzen Christenheit verbreitet.

Kongreß in Los Angeles (Kalifornien, USA) 1923

Die Hauptversammlung faßte eine historische Resolution, welche die „zweite Ausgießung des Zornes Gottes" über die Christenheit ankündigte (in 45 000 000 Exemplaren). Ihre Schlagzeilen:

„Ein Warnruf an alle Christen — Die unmittelbar bevorstehende Weltkrise — Die Ursache — Die Pflicht der Christen — Das Endresultat."

Bitter und feindselig war nach Ansicht der WTG die Reaktion der Christenheit auf diesen Posaunenstoß der Gerichte Gottes.

Hauptversammlung in Columbus (Ohio, USA) 1924

„Offene Anklage gegen die Geistlichkeit — Die Zivilisation dem Untergang geweiht — Die Ursache der Weltkrise — Nachfolgende Segnung der Menschheit — Der ,Same der Verheißung' gegen den ,Samen der Schlange'."
Nochmals wurde die Christenheit erschüttert, als Millionen von Exemplaren dieser Anklage, die auf Tatsachen beruhte, verbreitet wurden." (WT. 1955, S. 462 bis 463)

Das „entscheidende Jahr 1925"
Die Zeugen Jehovas als falsche Propheten erwiesen

Das könnte man vor aller Welt proklamieren. — Entschuldigt, liebe Leser, das steht natürlich in keiner Resolution. Das stelle ich nur auf Grund der gewaltigen Proklamationen und der Wachtturm-Lehre über das Jahr 1925 fest. Es wäre tatsächlich eine gewaltige Schlagzeile für eine Resolution gewesen. Keine Auferstehung von Abraham, Isaak usw.! Keine Weltherrschaft Gottes! Keine Neue Welt! Nur eine Enttäuschung! Eine große Enttäuschung! Jedoch Jehovas Zeugen unentwegt und unverzagt! Ich muß mich fragen, waren die Brüder damals blind, daß sie den hellen Unsinn ihrer Prophezeiungen nicht zu sehen vermochten? Waren sie von allen guten Geistern verlassen, daß sie das „entscheidende Jahr 1925" weiterhin herausstellten, als der unbiblische Irrtum mit Händen zu greifen war?

Hatten Sie aus der Vergangenheit nichts gelernt? Hatten sie die Broschüren „Der Weg zum Paradies" und „Mil-

lionen jetzt Lebender werden niemals sterben" nicht gelesen? Hatten sie ihren Wachtturm nie richtig studiert,
daß sie in die Fehler von Russel und Rutherford zurück-
fielen?

Man kann sich doch gar nicht vorstellen, wie Hunderttausende von einer kleinen Gruppe Bibelforschern irregeführt werden, und jene dann noch den Verführern zu-
jubeln!

Jedenfalls, 1925 war bald vergessen.

Hauptversammlung in London (Royal Albert Hall) 1926

Und wieder Schlagworte:

> „Ein Zeugnis an die Herrscher der Welt!"
> Auf die Schulter der Herrscher oder Führer eine Ver-
> antwortung gelegt, die nicht abgeschüttelt werden kann!
> — Die Herrscher ermahnt, ihren Einfluß darauf zu ver-
> wenden, die Herzen der Menschen dem wahren Gott
> zuzuwenden, damit das Unglück sie nicht befalle!"
> In 51 000 000 Exemplaren verbreitet! (Licht, Bd. 1,
> S. 141—145.)

Unter anderem hieß es in dem „Zeugnis an die Herrscher
der Welt", daß den Staatsmännern eine „große und ernst-
zunehmende Verantwortung auferlegt ist.

> „Jetzt erfüllt sich die göttliche Prophezeiung, und in
> der Reihenfolge der Erfüllung liegen Beweise ... Seit
> dem Jahre 1914 ließ der Verlauf der Erfüllung der gött-
> lichen Prophezeiungen erkennen, daß das Ende der
> bösen Welt begonnen hat, und zwar mit dem Weltkrieg,
> mit Hungersnöten, Seuchen, Erdbeben, Revolutionen,
> der Rückkehr der Juden nach Palästina ..." (Licht,
> Bd. 1, S. 141—145.)

Ich mußte feststellen, Rutherford hatte nichts gelernt. Vor
einem Jahr erst erwiesen sich „göttliche Wahrheiten" als
Irrtum, und schon wieder sagt Rutherford als Zeichen der
Zeit etwas voraus, was heute von den Zeugenführern als

ein Produkt Satans bezeichnet wird, die Rückkehr der Juden nach Palästina (s. Kapitel „Falsche Propheten"!). Doch der Rausch der Kongresse geht weiter.

Die meisten der Zeugen Jehovas lassen sich begeistern und nehmen vorurteilslos die unmöglichsten Proklamationen an.

Kongreß 1953 im Yankee-Stadion (New York/USA).

Knorrs Stimme ertönt. Er kommt zum Höhepunkt.

165 000 Zeugen lauschen. Er warnt Staatsmänner und Nationen:

> „Ihre Zeit ist um! Besonders seit dem Ende des ersten Weltkrieges im Jahre 1918 haben Jehovas Zeugen alle Nationen in diesem Sinne gewarnt. Die Nationen haben sich geweigert, auf untheokratische Herrschaft des Menschen zu verzichten und ihre Souveränität an Jesus Christus, den theokratischen König der Könige Jehovas, abzutreten . . ." (Nach Harmagedon Gottes Neue Welt, deutsch 1954.)

Hierzu mußte ich mir zwangsläufig Gedanken machen. Wie sollten denn die Staatsmänner dieser Proklamation glauben können, konnten sie sich nicht an das Fiasko von 1925 erinnern? Schlugen die Prophezeiungen über die Ereignisse der Jahre 1914 und 1925 fehl, dann kann man doch die Erklärung Knorrs nicht ernst nehmen. Noch dazu, wenn es um Ereignisse geht, die weltweite Folgen nach sich ziehen.

Wie stellt sich denn Bruder Knorr den Zustand der Welt vor, wenn alle Staatsmänner und Nationen auf die Staatsgewalt verzichten würden? Oder schon 1925 verzichtet hätten? Wer sollte dann die Staatsordnung aufrechterhalten, wer hätte das seit 1925 bis heute getan?

Wer sollte sich dann noch um vernünftige Wirtschaftspolitik, Sozialpolitik, Gesetzgebung, Handel und Verkehr, kurzum, um all die Aufgaben und Verantwortlichkeiten kümmern, die jede menschliche Herrschaft oder Regierung zu übernehmen hat.

Etwa Christus Jesus? Oder weil Christus jetzt seit 1914 im Himmel herrschen soll, etwa Mr. Knorr und seine Mitarbeiter als Christi Stellvertreter auf Erden?

Diese Schlußfolgerung drängt sich der WG. auf: deshalb bereitet man jetzt schon die Diener der Versammlungen auf ihre Regierungsaufgaben in der „Neuen Welt" vor. — Hätten die Regierungen 1925 oder 1953 abgedankt, hätte Mr. Knorr in der von ihm so gehaßten Politik machen müssen.

Wie sich die Massen von Jehovas Zeugen im Taumel ihrer Begeisterung mit unglaublichen Ungereimtheiten abfinden können, zeigt uns noch treffend der frühere Zweigdiener von Deutschland, Erich Frost.

In seinem Jahresbericht über die Tätigkeit der Zeugen Jehovas in Deutschland für das Jahr 1951 schreibt er über den Besuch Bruder Knorrs in Westberlin und des Kongresses in Frankfurt (Main):

> „Wer unter der großen Menge des Volkes Gottes kann sich vorstellen, was es heißt: ‚Bruder Knorr hinter dem Eisernen Vorhang'? ...
>
> Mehr als 8000 von der Ostzone waren anwesend ...
>
> Die Bevölkerung der Ostzone horcht auf die Botschaft und liebt sie ..." (Jahrbuch 1952.)

Knorr in Westberlin! Als ob das schon etwas Besonderes wäre. Was kann ihm da schon passieren? — Knorr in Moskau! Das wäre etwas! Aber so weit wagt sich Bruder Knorr doch nicht! Da schickt er andere vor. „Die Bevölkerung der Ostzone liebt die Botschaft und horcht auf sie." Wie kann man so etwas behaupten?

Ich lebte bis zum Verbot der Wachtturm-Gesellschaft (1950) in der Ostzone und habe nicht feststellen können, daß die Bevölkerung unsere Botschaft liebte oder auch nur auf sie horchte. Aus meiner eigenen Erfahrung von Hause kann ich berichten, daß die Mehrheit unsere Botschaft ablehnte, ja ihr sogar feindlich gesinnt war. Und das geschieht in jedem Land derErde.Nur verschwindend wenige sind es, die unsere Botschaft lieben. Das ist doch Tatsache. Die Propaganda der leitenden Männer hielten wir Zeugen Jehovas für wahr und richtig. Wir wurden immer nur gelehrt, uns als weltweit wichtigste Organisation anzusehen, ja, als die einzige Organisation, die das legale Recht hat, vor Gott zu bestehen. So taumelten wir dahin, berauscht von „welterschütternden" Reden unserer Führer, als seien wir die Achse der Welt, um die sich alles Leben dreht. Wer kommt uns anWichtigkeit in der Welt gleich? Niemand! —

So sind die führenden Brüder sehr darauf bedacht, Massenbegeisterung zu entfachen, durch ein neues Buch, eine Broschüre oder ein Heftchen, das immer wieder durch „Jehovas Gnade" veröffentlicht wird. Und wie berauscht halten es dann die Tausende bei einer Massenversammlung in die Höhe, und zeigen dabei ein strahlendes Gesicht, als wäre dies Buch oder Heftchen das Heiligste und Beglückendste, was Menschen in der Welt besitzen können.

Welch ein strahlender Optimismus in den Wachtturm-Schriften, der die Einheit, Harmonie, den glücklichen Zustand der gesegneten Gemeinschaft und Organisation der Zeugen überall lobpreist!

Der Name Jehova ist ein starker Turm

Nein, ich wehre mich innerlich gegen Kritik. Warum diese trüben, kritischen Gedanken? Ich bin doch in der „Wahrheit", ich möchte Gott dienen. Denn wo wäre er sonst zu finden? Hat nicht doch der Wachtturm recht, daß wir alle Kritik im Namen Gottes unterdrücken sollen? Nur Mut, vertraue auf Jehova. Denn „der Name Jehovas ist ein starker Turm, der Gerechte flieht dahin und ist in Sicherheit"!

Alle Ergebnisse meiner Studien schwanken aufs neue. Ich muß nun wieder tätig werden, in dem Leben für andere werde ich meine Sicherheit schon wieder finden. Meine klaren Studienergebnisse, mein Vorsatz, weiter zu prüfen, machen mir Angst.

Die Brüder in der Versammlung haben schon lange gemerkt, daß mit mir etwas nicht stimmt. Doch keiner fand den Weg zu mir, um zu helfen.

Ich stürze mich wieder in den Felddienst. Wieder stehe ich an den Türen und predige, die gegenwärtige böse Welt gehe bald unter im Gottes Gericht von Harmagedon. Nur wer sich uns anschließe, werde gerettet für eine „neue Welt." Doch mein Gewissen läßt mir keine Ruhe. Wieder kämpfe ich einen zermürbenden, schweren Kampf.

Ich weiß, daß vieles in der Wachtturm-Lehre nicht stimmt. Ich glaube zu wissen, daß Jehova die WT-Gesellschaft nicht führt.

Und dennoch, ich kann mich zum letzten Schritt nicht entschließen.

Noch einmal stehe ich vor den Brüdern und lehre. Noch einmal versuche ich Vorbild im Dienst zu sein. Im Innern zerrissen, schule ich Brüder für den Dienst von Haus zu Haus.

Und wieder sitze ich über den Büchern. Wieder lasse ich alle Ergebnisse meiner kritischen Studien an meinem

Geiste vorüberziehen. Eindeutig steht mir vor Augen, ich habe doch richtig gefolgert.

Warum komme ich dann aber doch nicht von der Wacht-turm-Lehre los? Warum falle ich doch immer wieder in Gedanken zurück, die ich klar als unbiblisch, als unchristlich erkannt habe?

Ich erlebe die fürchterliche Angst, Jehova zu erzürnen und mein Leben in der „neuen Welt" zu verlieren. Angst, mein Leben zu verlieren? Aber, das ist ja Egoismus! Ich hänge am Leben. Gut, das tut jeder Mensch. Verliere ich nicht aber mein Leben, wenn ich anders denke, als ich handle? Ja, bin ich dann nicht ein Heuchler? Eindeutig ja! Also habe ich mein Leben schon verwirkt! Das darf nicht sein, niemals! Dann muß ich wider besseres Wissen alles Nachteilige aus meinem Sinn verbannen, was ich bis jetzt über die Wachtturm-Gesellschaft, ihre Lehre und ihr Verhältnis zu Gott gedacht und festgestellt habe.

Stunden sind vergangen. Ich glaube, ich werde irre! Ein Gedanke wird immer stärker. Es bleibt nicht mehr nur ein Gedanke. Es wird zwischen meinen stammelnden Gebeten zu Gott und Christus Gewißheit: ich denke nur an mich. Von der Wachtturm-Gesellschaft ist mir eine furchtbare übermächtige Angst vor der Vernichtung bei Harmagedon anerzogen worden.

In dieser Angst diene ich doch aber nicht Gott. Ja, ich lasse gar keinen Raum für Gottes Gnade, sondern will mich selbst durch meine Taten retten. Und das ist doch unmöglich. Gott läßt sich nicht von einem guten Felddienstbericht beeinflussen. Gott läßt sich von mir nicht betrügen, und wenn ich alle Zweifel tatsächlich unterdrücken würde.

Jehova ist ein starker Turm, ich bin im Gebet zu ihm geflohen und habe doch keine Zuflucht gefunden. Meine Gebete haben keine Erhörung gefunden. Ich stecke noch immer und trotz meiner klar gewonnenen Erkenntnisse über die WT-Gesellschaft voller Zweifel. Oder sollten gerade diese Zweifel an der Lehre der Zeugen, sollte diese

Gewißheit über die WT-Gesellschaft eine Gnade Gottes sein? Sind meine Gebete, so gesehen, nicht doch erhört? — Zu welchem Gott bete ich eigentlich? Doch zu Jehova, dem allein wahren Gott! Da nagt schon der nächste Zweifel in mir. Ist Jehova der richtige Name Gottes? Das zu wissen, ist für uns Zeugen Jehovas sehr wichtig. Ich will auch die Wahrheit über den Namen Gottes genau wissen, um frei zu werden von der Sklaverei einer übermächtigen Organisation.

Gott hilf mir! Sieh, ich möchte Dir doch in meiner Schwachheit dienen! Herr Jesus, Erlöser, Heiland, erbarme Dich meiner!

Alle meine Kräfte sind angespannt. Keine Rechtfertigung der WT-Gesellschaft vermag sich mehr in meiner Seele durchzusetzen. Wie ein Schrei im Sturm kommt mir mein Bitten zu Christus vor, inständig flehe ich um seine Fürbitte. Noch schmerzlicher kommt mir meine Leere zum Bewußtsein, ich muß zu Gott finden. Gottes Wort verbürgt dem Suchenden die Hoffnung, zu finden.

Ich darf nicht auf halbem Wege zur Wahrheit stehenbleiben oder gar in die alten Irrtümer zurückfallen. Ich muß suchen und kann nur finden, wenn ich weiter prüfe.

So gelange ich wieder zu einer gewissen Ruhe. Gott kennt bestimmt mein aufrichtiges Bemühen, meine Qualen, in denen ich zu ihm rufe. Ich brauche noch mehr Gewißheit. Ich bin entschlossen, den wahren Namen Gottes zu ergründen. Das soll mich stärken für den entscheidenden Schritt, dem ich doch nicht mehr ausweichen kann und darf.

Was der Name „Jehova" den Zeugen bedeutet

Der Name „Jehova" war für mich und ist für alle Zeugen von allergrößter Wichtigkeit. Er zeigt, wer die wahren Zeugen Gottes sind und wer nicht. Er kennzeichnet die Zeugen heute als wahres Bundesvolk Gottes. Immer wieder ist es der Name „Jehova", mit dem sich der Wachtturm beschäftigt:

„. . . um sich somit von allen falschen Göttern zu unterscheiden, hat sich der Schöpfer und höchste Souverän einen Namen gegeben, der einzig ist in seiner Art" (WT. 1957, S. 451).

„. . . weil Jehova der ausschließliche Name des Schöpfers Himmels und der Erde ist" (WT. 1958, S. 350).

„Erstens muß die Versammlung Christi des zwanzigsten Jahrhunderts wissen, was der Name ihres Gottes ist, so wie er durch Jesus seinen ersten Jüngern geoffenbart wurde, und ihre Glieder müssen Zeugen dies erhabenen Namens werden, gleichwie es die Propheten der alten Zeit, Jesus und die Christen des ersten Jahrhunderts waren. Nur der Überrest der gesalbten Zeugen Jehovas und ihre Gefährten von heute haben ein reiches Verständnis des göttlichen Namens JEHOVA! . . ." (WT. 1955, S. 441—442).

„Vor etwa dreißig Jahren erkannte das versammelte Volk, wie überaus wichtig dieser heilige Name ist, und machte sich daran, noch mehr darüber zu lernen. Im Jahre 1926 brachte der ‚Wachtturm' vom 1. Februar den Leitartikel ‚Wer wird Jehova ehren?', und seit jener Zeit ist dieser Name seinen Kindern lebenswichtig und bedeutungsvoller geworden" (WT. 1954, S. 278).

„Es muß den Wunsch und die Hoffnung erwecken, seinen Namen JEHOVA über jeden anderen Namen im Universum . . . erhöht zu sehen. Dies sind . . . Kennzeichen der wahren Religion" (WT. 1954, S. 281).

„Die Hebräer, Israeliten und Juden sind für Gottes außergewöhnlichen Namen nicht verantwortlich. Kein Geschöpf im Himmel und auf Erden hat ihm diesen Namen gegeben. Er wählte ihn selbst. Er tat ihn als seinen Namen kund, indem er sprach: ‚Ich bin Jehova, das ist mein Name" (Jesaja 42,8, Elb. SB).

„Um den wahren Schöpfer der neuen Himmel und der neuen Erde ehrenvoll zu kennzeichnen, müssen wir seinen einzigartigen Namen ‚Jehova' in all seinen Zusammenhängen erwähnen." (Neue Himmel und eine neue Erde, Seite 12, 13.)

Der Name „Jehova" ist also für die Zeugen Jehovas heilig. Er ist einzig in seiner Art. Er ist der ausschließliche Name des Schöpfers. Er ist lebenswichtig für die Zeugen. Er ist das Kennzeichen der wahren Religion. Aus diesen Wachtturmerklärungen besitzen die Zeugen Jehovas ein reiches Verständnis für diesen Namen „Jehova".

Welche besondere Begründung wird nun gegeben dafür, daß die Zeugen diesen Namen „Jehova" so verehren?

„Weil die Bibel, die vom Schöpfer selbst inspiriert worden ist, diesen Ausdruck mehrmals gebraucht, angefangen mit der Stelle im 1 Mose 2,4 (Neue-Welt-Übersetzung), wo es heißt: ‚Dies ist eine Geschichte der Himmel und der Erde, zu der Zeit, da sie geschaffen wurden, an dem Tage, da Jehova Gott Himmel und Erde machte.' ‚Folglich sind wir ermächtigt, den Ausdruck Jehova Gott, den er selbst durch Inspiration, durch seinen Geist, in seinem heiligen Wort niederschreiben ließ, auf ihn anzuwenden'" (Wachtturm 1958, S. 350 bis 351).

Gott selbst hat also diesen Namen in der inspirierten Schrift geoffenbart. So lehrt der Wachtturm.

Aber wo ist denn die Bibel, die Gott selbst inspiriert hat? Ist es die „Neue-Welt-Übersetzung" der Wachtturm-Gesellschaft, die den Namen Gottes mit „Jehova" wiedergibt? Ist es die Elberfelder Übersetzung? Ist es eine der anderen Übersetzungen, die den Gottesnamen in der Form Jehova ausdrücken? Der Hl. Geist hat den ursprünglichen Text, den sog. Urtext der Bibel inspiriert, nicht aber irgendeine der modernen Bibelübersetzungen, welche den Namen Gottes mit Jehova wiedergeben.

Wie sagt doch das Buch „Neue Himmel und eine neue Erde": „Kein Geschöpf im Himmel und auf Erden hat ihm diesen Namen gegeben."

81

Woher stammt der Gottesname Jehova?

Das Alte Testament wurde in hebräischer Sprache geschrieben. Im Hebräischen wird der Eigenname Gottes mit den vier Konsonanten J H V H ausgedrückt. In der hebräischen Sprache wurden die Vokale a e i o u usw. ursprünglich nicht geschrieben. Aus ehrfurchtsvoller Scheu vor dem unaussprechlich erhabenen Gott nahmen die Juden den heiligen Namen ihres Gottes zur Zeit Christi nicht mehr in den Mund, sie sagten stets „Adonai", zu deutsch „Herr", oder, wo neben dem Tetragramm (JHVH) Adonai stand: „Adonai Elohim" (in der griechischen Septuaginta-Übersetzung „Kyrios" bzw. „Theos"). Jüdische Textkritiker, Masoreten genannt, machten sich ca. 750 bis 1000 n. Chr. an die Aufgabe, den ursprünglichen hebräischen Text in Aussprache und Vortrag genau zu fixieren. Unter anderm setzten sie unter die hebräischen Konsonanten Vokalzeichen. Bei JHVH setzten sie die Vokalzeichen von „Adonai" oder „Elohim". Nach den Regeln der masoretischen Vokalisation schrieben sie unter das J, weil dieses kein Gaumenlaut ist, e anstelle von a, so daß das Wort aussah wie „Jehovah" oder „Jehovih". So wurde der Gottesname in späteren Jahrhunderten von Lesern ausgesprochen, die nicht mehr wußten, wie er im masoretischen Text entstanden war.
Der Name „Jehova" ist also nicht biblisch, sondern erst zwischen dem 11. und 14. Jahrhundert nach Christus aufgekommen.

Der Name Jehova als falsch erwiesen

Die richtige Form der Bezeichnung J H V H für Gott ist nach den Kennern der Sprache nicht „Jehova", sondern „Jahwe". Jehova ist auf jeden Fall falsch. Darüber sind sich fast alle Gelehrten und Sprachforscher einig. Die Lexika sagen über den Namen „Jehova":

Jehova, fälschlich für Jahwe. (Knaur.)
Jehova, siehe Jahwe. (Großer Brockhaus.)

Über den Namen „Jahwe":

Jahwe (fälschlich Jehova), Name Gottes im A. T. (Knaur.)

Jahwe, die ursprüngliche Aussprache des Eigennamens des Gottes Israel (Großer Brockhaus).

Selbst die von den Zeugen Jehovas gern und oft zitierte Elberfelder Bibelübersetzung sagt in ihrem Vorwort unter „die Namen Gottes", Seite IV:

„Jehova, wir haben diesen Namen des Bundesgottes Israel beibehalten, weil der Leser seit Jahren an denselben gewöhnt ist ... Von den neueren Gelehrten wird fast einstimmig angenommen, daß anstatt ‚Jehova' oder ‚Jehovi' ‚Jahwe' zu lesen sei."

Die Wachtturm-Gesellschaft oder die Führer der Zeugen Jehovas müssen selbst in ihrem Buche „Ausgerüstet für jedes gute Werk" auf Seite 25 zugeben, daß der Name „Jehova" nicht die ursprüngliche Form ist. Nachdem die Brüder in Brooklyn jahrelang übersehen haben, was die Lexika, die Bibelgelehrten und z. B. die Elberfelder Bibelübersetzung hinsichtlich des Gottesnamens sagen, haben sie sich jetzt doch dazu bequemen müssen, zuzugeben, daß der Name Jehova falsch und der Name Jahwe die richtige und ursprüngliche Form ist. Der Name „Jehova" — Beweis der wahren Religion?

Warum verwerfen nun die Führer der Zeugen denn nicht den Namen „Jehova", wenn sie ihn als die falsche Bezeichnung für Gott erkannten? Warum nennen sie sich dann nicht offiziell mit dem richtigen Gottesnamen „Jahwes Zeugen"?

Gewohnheit oder Tradition übt auch bei den Zeugen eine gewaltige Macht aus. Die Zeugen sind an den Namen Jehova gewöhnt. Man bedenke, welch gewaltige Bedeutung der Wachtturm dem Namen Jehova beimißt. Diese Gewohnheit, Gott Jehova zu nennen, zu verwerfen, wäre jetzt für die Zeugen-Organisation verheerend. Die ganze, so mühsam errungene Popularität wäre dahin. Die Führer der Zeugen denken und handeln scheinbar wie Geschäftsleute. Einen bekannten Firmennamen hält man aufrecht, wenn auch der wahre Inhaber längst ein anderer geworden ist. Warum? Um des Zuspruches willen, um des Absatzes willen, um des Profites willen, um der Popularität willen.

Aus keinem anderen Grunde können sich unsere Zeugenbrüder in Brooklyn an den falschen Gottesnamen Jehova klammern.

Im Vorwort zu ihrer Neuen-Welt-Übersetzung des Neuen Testaments (in Englisch) begründen die leitenden Brüder das Festhalten an der falschen Form des Gottesnamens damit, daß sich seit dem 14. Jahrhundert der Name „Jehova" eingebürgert hat (New World Translation, Seite 25). Die Brüder verhalten sich hier inkonsequent; denn sonst verwerfen sie jegliche menschliche Tradition und schwören nur auf die Bibel. Warum nicht auch mit der menschlichen Überlieferung des falschen Namens „Jehova" brechen? Das wäre konsequent! Aber folgenschwer für die Organisation.

Anhänger menschlicher Traditionen sind Lügner

Alle religiösen Überlieferungen, für die in der Bibel keine Beweise zu finden sind, werden von der WT-Gesellschaft verurteilt und verdammt. In dem Buche „Gott bleibt wahrhaftig" steht hierüber geschrieben:

„Gerade wegen dieses Streites um die Überlieferungen und Vorschriften religiöser Führer geriet der große Lehrer von Nazareth in Konflikt mit den Rabbinern. . . . Wir lesen darüber folgenden Bericht: ‚Dann kamen zu ihm von Jerusalem Schriftgelehrte und Pharisäer und sprachen: Warum übertreten deine Jünger die Überlieferungen der Alten? . . . Er aber antwortete und sprach zu ihnen: Warum übertretet ihr selbst das Gebot Gottes um eurer Überlieferungen willen? . . . Ihr habt also Gottes Gebot aufgehoben um eurer Überlieferung willen, ihr Heuchler!'" (Matth 15,1—9.)

So war bewiesen, daß die religiösen Traditionsanhänger Lügner waren. (Gott bleibt wahrhaftig, S. 11,12.) —

Paulus ... sah voraus, daß Männer, die christliche Geistliche (oder geistliche Führer wie Knorr, Franz, d. Verf.) zu sein beanspruchen, ein System religiöser Vorschriften und Überlieferungen aufbauen und so die Wahrheit den Gliedern der Religionsorganisationen verhehlen würden. Daher schrieb er: „Sehet zu, daß nicht jemand sei, der euch als Beute wegführe, ... nach Überlieferung der Menschen." (Kol 2,8.) Paulus wußte, daß diese Traditionen Lügen wären. (Gott bleibt wahrhaftig, S. 16.)

Ich habe festgestellt, und die Führer der Zeugen geben es selbst zu, daß die Zeugen in der wichtigsten Frage nach dem Namen Gottes menschlichen Überlieferungen aus dem 14. Jahrhundert anhängen. Sie denken nicht im geringsten daran, mit solchen Überlieferungen zu brechen und ihren falschen Namen zu verwerfen. Sie halten weiterhin am falschen Namen „Jehova" fest und bezeichnen sich auch künftig als Zeugen Jehovas. Man wird nach wie vor versuchen, den falschen Namen „Jehova" zu bagatellisieren, damit die Anhänger der Wachtturm-Gesellschaft nicht über Überlieferungen stolpern, die sie eigentlich verurteilen und verwerfen müßten.

Meine Weltanschauung völlig zertrümmert

Damals in englischer Kriegsgefangenschaft frug ich mich ernstlich, ob mir Gott meine Schuld vergeben könne. Die Frage bewegte mich sehr und ließ mich Zeuge Jehovas werden. Ich glaubte die „Wahrheit" gefunden und von Gott Vergebung erlangt zu haben, als ich die Bestätigung als Sonderpionier in den Händen hielt.

Heute stehe ich vor den Trümmern meines Glaubens. Gott aufrichtig zu dienen, war ich überzeugt. Doch wem habe ich nun wirklich gedient?

Meine Schuld glaubte ich getilgt. Doch riesengroß steht sie jetzt vor mir.

Tausenden habe ich einen Irrglauben gepredigt. Hunderte in diesem Glauben bestärkt.

Nun muß ich endgültig erkennen: mein Bemühen, Gott zu dienen, war vergebens. Nicht Gott, sondern einer übermächtigen Organisation, eitlen Menschen, wenn nicht gar dem Widersacher Gottes hatte ich die Hand gereicht. Hatte ich mich mit Leib und Seele verschrieben! Wie ich den wahren Namen Gottes erkannt, war mir vollkommen klar: Gott kann nicht hinter der Wachtturm-Gesellschaft stehen. Gott hat nie hinter ihr gestanden! An dieser Erkenntnis zerbricht meine letzte seelische und körperliche Kraft. Ungeheuer groß kommt die neue Schuld auf mich zu. Was ist überhaupt Wahrheit? Wo ist Gott zu finden? Ja, gibt es überhaupt einen Gott?

Soweit bin ich nun gekommen, daß ich selbst an der Existenz Gottes zu zweifeln beginne. Ich habe gebetet, viel gebetet, scheinbar erfolglos.

Wie sieht das Leben wirklich aus? Ich weiß es nicht! Immer habe ich in der Anschauung der Zeugen-Lehre gelebt und alles nur durch die Wachtturm-Brille gesehen. Die Wirklichkeit habe ich nur so kennengelernt. Die Welt war für mich verteufelt, war für mich trügerisch, denn sie suchte mich vom wahren Gott loszureißen. Jetzt stehe ich verloren in dieser Welt, die ich nicht kenne. Wo soll ich Wahrheit und Gerechtigkeit suchen? Wo Gott?

Die Welt ist des Teufels, was soll ich da von ihr erwarten? Die katholische, die evangelische und andere Religionen hatte ja Satan, der Gott dieser Welt, hervorgebracht. Wie kann ich dort Wahrheit finden?

Erscheint nicht die ganze Welt als einziger Lug und Trug? Der Wachtturm hat mich um den letzten religiösen Halt betrogen.

Was soll ich überhaupt noch glauben?

Ich kann nicht mehr! Alle Maßstäbe des Glaubens sind zerbrochen, meine Gedanken verwirrt. Wo zeigt sich ein Ausweg? Es gibt keinen! Wie im Traum gehe ich meiner Arbeit nach, die ich in der Schweiz gefunden habe. Einer meiner Arbeitskollegen erkennt meinen Zustand und versteht es, mein Vertrauen zu gewinnen, um es übel zu mißbrauchen. Ich muß es teuer bezahlen. Noch skeptischer stehe ich jedem Menschen gegenüber. Ich traue keinem, glaube niemand mehr. In meinem angegriffenen Gesundheitszustand wird mir jede körperliche Arbeit zu schwer. Auch kann ich meine Gedanken nicht auf die Arbeit konzentrieren, und wenn ich mich noch so sehr zusammenreiße. Für jede Krankheit bin ich anfällig. So verliere ich meinen Arbeitsplatz. Und nun kommt alles über mich, was man sich nur an Unglück vorstellen kann. Ich werde schwer krank. Mein Herz macht nicht mehr mit. Herzanfall folgt auf Herzanfall. Ich bin körperlich gebrochen. Da ich in der Schweiz gearbeitet habe, gehe ich der Arbeitslosen- und Krankenversicherung verlustig. Meine Familie darf nicht verhungern. Deshalb geht meine Frau arbeiten. Der Verdienst ist gering, die Arztkosten nehmen zu. Mehr und mehr geraten wir in Schulden, aus denen wir nicht mehr herauskommen. Ich erhalte keine Pflege, denn meine Frau hat neben der Arbeit keine Zeit für mich. Nebenher habe ich noch meine drei Kinder zu betreuen.

Unter solchen Umständen glaube ich an keinen Ausweg mehr. Wir sind in jeder Beziehung verloren.

Nach langen Monaten bessert sich mein Zustand so, daß ich wieder versuche, selbst zu arbeiten.

Aber in dieser langen Zeit hadere ich mit Gott und meinem Schicksal. Ich glaube nichts mehr. Schließlich ringe ich mich dazu durch, an Gottes Existenz nicht mehr zu zweifeln. Gott ist für mich wirklich, ja wirklicher als alles um mich. Nur glaube ich, daß keine religiöse Organisation auf Erden tatsächlich Gott dient.

Ich bin den körperlichen Anforderungen meiner neuen Arbeit nicht gewachsen. Wieder wirft es mich auf das Krankenbett. Meine ganze Familie ist um mich versammelt und betet zu Gott, den wir nicht kennen. Inbrünstig richten wir an unseren Heiland Jesus Christus gemeinsame Gebete um Gnade und Gotteserkenntnis.

Wieder muß meine Frau arbeiten gehen. Ich bin dazu nicht imstande. Finanziell kommen wir in immer größere Bedrängnis. Wir wissen nicht mehr, was zuerst zahlen und womit. Das Essen wird sehr knapp. Wir denken nur noch an unsere Kinder, alles opfern wir für sie, damit sie satt werden und gesund bleiben. Als ob des Unglücks nicht genug wäre, wird meine Frau schwer krank. Sie wird ins Krankenhaus eingeliefert. Eine Operation verursacht neue Schulden. Weil ich nun doch arbeiten muß, nehme ich Arbeit als Vertreter an. Doch entweder vertraue ich einem Menschen zu sehr und werde bitter, sehr bitter enttäuscht, oder ich empfinde jedem gegenüber Mißtrauen und handle gerade dort nicht, wo ich handeln sollte. So wird mein Leben immer mehr bestimmt vom Geist, der stets verneint. Ich bin am Verzweifeln. Oft frage ich mich, warum lebe ich überhaupt noch? Habe ich nicht auf der ganzen Linie versagt? Und muß nicht meine Familie, müssen nicht meine armen unschuldigen Kinder es büßen?

Was für Richtlinien konnte mir die „allein wahre" Religion der Zeugen für das wirkliche Leben geben? Keine, gar keine. Ins Leben gestellt versage ich, weil ich nicht darauf vorbereitet bin.

Es war ja auch zu schön, Gottes Königreich als einzige Hoffnung der Welt zu predigen. Alles andere ging mich nichts an, wenn ich nur soviel zum Leben hatte, um uns mit dem Notwendigsten zu versorgen. Alles andere erwarteten wir von einer neuen Welt. Warum sich hier mit diesen Dingen des alltäglichen Lebens auseinandersetzen? Bald werden alle Probleme durch Harmagedon gelöst, wenn ich nur bis dahin treu in meinem Dienst verharre.

Aber das Häuschen und der Garten in der neuen Welt der Zeugen Jehovas war eben nur erträumt. Der Traum löst sich auf in Nichts. Nun stehe ich da und sehe nicht mehr weiter.

Immer und immer beten wir wieder zu Gott. Weil ich aber keine Antwort zu spüren vermeine, glaube ich, meine Schuld vor Ihm sei so groß, daß ich sie nicht tilgen kann. Verzweiflung packt mich. Was bleibt mir zu tun? Lange dauert mein Ringen, bis ich mich dazu verstehe, mein möglichstes zu versuchen. Mit ungeheurer Willensanstrengung wende ich mich wieder der Bibel zu, um hier Trost zu finden.

1957 wurde mir die Gemeinschaft der Zeugen Jehovas entzogen. Innerlich völlig zerrissen bin ich zu jener Versammlung gegangen, in welcher der Gemeinschaftsentzug ausgesprochen wurde. Ich wurde nur angeklagt, widersprüchlich und untheokratisch gehandelt zu haben. Warum, konnte ich nicht darlegen. Ich durfte mich nicht rechtfertigen. Umsonst hatte ich gerechtes und gütiges Verständnis für meine innere Not erwartet.

Hat Bruder Franke, der persönlich zugegen war, gewußt, wie es in mir aussah? Hat er gewußt, daß ich einem schwankenden Rohr glich, weil mein Vertrauen aus sachlichen Gründen erschüttert war? Hat er gewußt, daß ich mich gerade deshalb nicht mehr zurechtfand?

Liebe Zeugen, einen Bruder auf äußeres Versagen hin anklagen, verdammen, ist leicht; schwerer ist es, den Angeklagten von innen her zu verstehen.

Und selbst wenn einer vom eigenen Gewissen schuldig gesprochen wird, kann man ihm denn nur so „helfen", daß man ihm die christliche Gemeinschaft aufkündigt? Doch ich möchte niemanden verdammen. Ich möchte niemandem Übles nachreden. Ich will nicht hassen. Gerade deshalb nicht, weil ich meinen Irrtum so teuer bezahlen mußte. Ich denke an die Worte Jesu, „wer von euch ohne Schuld ist, werfe den ersten Stein auf sie." Ich werfe keine Steine auf die anderen.

Aber eines habe ich im Gewissen vor Gott erkannt: ich habe die heilige Pflicht, andere vor den unseligen Irrtümern des Wachtturms zu bewahren. Deshalb schreibe ich meine Erlebnisse und Überlegungen nieder, aus Pflicht, aus Nächstenliebe, nicht, um mich zu rechtfertigen. Paulus forderte deutlich genug in seinem Brief an die Kolosser, daß „wir herzliches Erbarmen" an den Tag legen sollen und uns „in aller Liebe gegenseitig lehren und ermahnen, wenn einer Klage wider den anderen hat".

So will ich denn weiter in aller Liebe, aber klar und bestimmt, über die falschen Lehren meiner früheren Brüder reden. Selbst wenn einige versuchen, mich persönlich zu verleumden, um so meine Kritik unwirksam zu machen. Ich habe einen schweren Kampf mit mir selbst gekämpft. Oft und lange habe ich Gott um Beistand und Gnade angefleht, ein für mich in dieser Lage nicht einfaches Unternehmen. Zuversichtlich hoffe ich damit vielen zu helfen, von der Sklaverei einer übermächtigen Organisation frei zu werden und den Weg zu Christus zurück zu finden. Der Herr läßt sich von aufrichtig Suchenden finden. Daran zweifle ich nicht mehr. Unser Heiland hat nicht umsonst sein kostbares Erlöserblut zur Erde fließen lassen. Beten wir aufrichtigen Herzens zu Gott, dann läßt Er uns nicht verlorengehen. „Dem von Herzen Aufrichtigen läßt er es gelingen", ist das Wort der Schrift und meine Überzeugung. Hat auch meine Verzweiflung mich zum Schreiben dieses Buches veranlaßt, meine eigentlichen Beweggründe sind lauter. Endlich habe ich in meiner bedrückenden Lage, mit meiner zerbrochenen Anschauung eine Aufgabe gefunden. Nicht ruhen will ich, bis ich sie gelöst.

Was bedeutet mir noch mein schwacher Körper, was meine materielle Not, ich darf andern helfen, kann andere vor Irrtum warnen und bewahren, ehemalige Brüder von Irrlehren befreien. Das ist mein höchstes Glück. Täglich, ja stündlich wächst mein Selbstvertrauen und meine Zuversicht, zu Gott zu finden, zu finden auf diesem Wege.

Wohl beunruhigen mich noch Stunden des Zweifels, wenn ich wieder einmal gar nicht sehe, wie sich die Lage meiner Familie bessern soll. Kommt Zeit, kommt Rat. Die Weltanschauung der Zeugen Jehovas ist für mich nicht mehr. Viel Ballast der Wachtturm-Lehre hängt mir noch an und ist schwer abzulegen, aber ich werde den Kampf in mir mit Gottes Hilfe bestehen.

So steht mein Vorsatz fest, die Lehre der Zeugen Jehovas mit der Bibel, aber auch die verschiedensten Schriften der Wachtturm-Gesellschaft untereinander zu vergleichen und die Ergebnisse niederzuschreiben.

Nach Nächten voller Qual und ohne Schlaf sind alle schweren Zweifel überwunden. Ich bin frei geworden, um vorurteilslos die Wachtturm-Lehre zu prüfen. Unserem himmlischen Vater und seinem Sohn Jesus Christus sei dafür Dank!

Mögen sie mich davor bewahren, unchristlich zu verklagen, mögen sie mich in der christlichen Liebe bestärken!

Falsche Propheten

„Wie es im Volke falsche Propheten gab, so werden auch unter Euch falsche Lehrer auftreten, die verderbliche Irrlehren einführen" (2 Petrus 2,1)

Jahrelang predigte ich: „Tuet Buße, das Königreich ist herbeigekommen, ja es ist hier. Christus Jesus herrscht inmitten seiner Feinde!"

Zu welcher Religion bekennst Du Dich? Bist Du Katholisch? Evangelisch? Gehörst Du zu einer der vielen christlichen Gemeinschaften? Bist Du Anhänger des Islams? Buddhas? Oder irgendeiner anderen nichtchristlichen Religion?

Nimm zur Kenntnis, daß Du in der Schlacht Gottes bei H a r m a g e d o n vernichtet werden wirst" (Offb 16). Warum? Weil Du Dich zu einer gottfeindlichen Religion bekennst. Weil Du durch sie in Wirklichkeit Satan, den Widersacher Gottes, anbetest.

So predigte ich, so verkündigen noch heute Jehovas Zeugen.

Die Zeit des Endes

Die heutige Zeit, in der wir leben, ist die Zeit des Endes dieser Welt. Harmagedon bildet den Abschluß. Hier finden alle, die nicht Zeugen Jehovas sind, den ewigen Tod. Gleichgültig, ob Du aufrichtig gläubig irgendeine Religion lebst oder als rechtdenkender Politiker wirkst. Du wirst umkommen. Nach der Lehre der Zeugen Jehovas hat Gott es so beschlossen.

Die genaue Zeit des Endes haben die Zeugen nach der Bibel errechnet. Sie soll 1914 begonnen haben. Wir alle leben nur noch, weil Jehova Gott in seiner großen Güte seit 1918 seinen Zeugen Zeit gegeben hat zu predigen, damit möglichst viele Menschen aller Völker vor dem Untergang errettet werden.

Werde Zeuge Jehovas! Sonst bist Du in kurzer Zeit verloren. Werde Zeuge Jehovas! Und Du wirst das Ende der alten Welt überstehen und den Beginn einer neuen glücklichen erleben. Du glaubst das nicht? Frage irgendeinen Zeugen. Er wird es Dir bestätigen. Seit acht Jahrzehnten wird die „Frohbotschaft von der Endzeit" verkündigt. Beeile Dich!

Die Zeit drängt!

Die Vorstellungen der Zeugen Jehovas von der Endzeit, von ihrem Beginn, ihrer Dauer, ihren Ereignissen und ihrem Ende in Harmagedon bilden den Inhalt der entscheidenden Botschaft, welche die leitenden Brüder von Brooklyn aus verbreiten. Mit dieser Zeit des Endes stehen oder fallen Jehovas Zeugen!

1914 — das ist das Jahr, mit dem nach der Bibel die Endzeit beginnt. 1914 — das ist das Jahr, in dem das wichtigste Ereignis der Endzeit eintritt: Die Wiederkunft Christi. So wollen Jehovas Zeugen glauben machen. Doch gerade diese wichtige Lehre von der Zeit des Endes hält einer gründlichen Kritik nicht stand.

Die Bibel gegen Zeitberechnungen

Ich habe die Jahre 1914 und 1918 genannt. Die Zeugen haben diese Daten der Endzeit anhand der Bibel errechnet. Diese Berechnungen müssen falsch sein, denn Christus hat erklärt:

> „Es ist nicht eure Sache, Zeiten oder Zeitpunkte zu wissen, die der Vater in seine eigene Gewalt gesetzt hat" (Apg 1,7).

Damit wäre eigentlich jede Berechnung irgendwelcher Zeiten und Zeitpunkte des Weltendes abgetan. Selbst das 24. Kapitel von Matthäus, auf das sich die Zeugen immer wieder berufen, um die Zeit des Endes zu beweisen, spricht gegen die Berechnung der Zeit der Wiederkunft Christi.

„Sie werden den Menschensohn kommen sehen auf den Wolken des Himmels mit großer Macht und Herrlichkeit" (Vers 30).

„Jenen Tag aber und jene Stunde kennt niemand, auch die Engel im Himmel nicht, sondern nur der Vater allein" (Vers 36).

„Es werden falsche Messiasse und falsche Propheten auftreten und große Zeichen und Wunder wirken, um womöglich selbst die Auserwählten irrezuführen." (Vers 24.)

Auch bei Lukas wird gewarnt vor falschen Zeitbestimmungen:

„Sehet zu, daß ihr nicht verführt werdet! Denn viele werden unter meinem Namen kommen und sagen: Ich bin's, und die Zeit ist nahegekommen! Gehet ihnen nicht nach." (21,8.)

Wir sehen also: Wenn Jehovas Zeugen die Zeit des Weltendes berechnet haben wollen, dann wissen sie mehr, als sie wissen können und wissen dürfen. Denn selbst solche, die sich wie die Zeugen Jehovas als Auserwählte Gottes betrachten, können die Endzeit nicht bestimmen, auch nicht anhand der Bibel.

Vor der Verkündigung „Die Zeit ist herbeigekommen" wird bei Lukas 21,8 eindringlich gewarnt.

Der erste Präsident der Zeugen Jehovas über die Zeit des Endes

Charles Taze Russel, Bruder oder Pastor Russel genannt, der Präsident der Zeugen Jehovas bis 1916, lehrte folgende „göttliche Botschaft" über die Zeit des Endes und die Ereignisse vor der Wiederkunft Christi:

„Die Zeit des Endes, eine Periode von 115 Jahren, 1799 bis 1914, ist in der Schrift sonderlich markiert." (Schriftstudien Bd. 3, S. 19.)

Er weist dann weiter nach, daß das Jahr 1 7 9 9 als Beginn der Endzeit unumstößlich in der Bibel festgelegt ist, da das genannte Jahr durch den Propheten Daniel im 11. Kapitel dreifach bestätigt wird. Sehr interessant für junge Zeugen Jehovas, die noch nicht sehr lange „in der Wahrheit" sind!

Im Zusammenhang mit der Zeit des Endes verweist Russel auf Napoleon, der von der „Vorsehung" als Werkzeug gebraucht wurde, um die Macht des Papsttums zu brechen:

> „Die öffentliche Laufbahn Napoleon Bonapartes, der selbst in seiner Zeit als ‚der Mann des Schicksals' erkannt wurde, ist so deutlich durch die prophetische Beschreibung geschildert, daß sie positiv das Datum ‚der bestimmten Zeit' fixiert. Diese Art, ein Datum zu bestimmen, ist genau.
>
> Und wenn wir zeigen werden, daß die hier in der Prophezeiung erwähnten Ereignisse mit Napoleons Laufbahn in der Geschichte stimmen, so können wir dieses Datum ... gewiß erkennen.
>
> Napoleons Laufbahn markierte im Lichte der Prophezeiung das Jahr 1799 n. Chr. als den Schluß der 1260 Jahre der päpstlichen Gewalt und den Anfang der Periode, ‚die Zeit des Endes' genannt." (Schriftstudien Bd. 3, S. 34.)

1799 Beginn der Zeit des Endes! 115 Jahre — also bis 1914 — Dauer der Zeit des Endes![1]) Daten biblisch genau bestimmt!

Und 1914? Das letzte Jahr der Zeit des Endes? 1914 — nach Russel:

> „Millennium Königreich und Auferstehung der Fürsten Abraham, Isaak, Jakob usw." (Schrst. Bd. 3, S. 132.)
>
> „Und im Jahre 1914 wird, was Gott Babylon nennt, und was die Menschen Christentum nennen, verschwunden sein, wie schon aus der Weissagung gezeigt wurde." (Schrst. Bd. 3, S. 146.)

---

[1]) Endzeit, so auch in der weiteren Darlegung.

„Die Einsetzung der irdischen Regenten aber dürfen wir nicht vor Ablauf der ‚Zeiten der Heiden‘²), Nationen, im Oktober 1914 erwarten. Zu Beginn des Reiches, am Ende des Jahres 1914, werden also ... einzig die auferstandenen Heiligen des Alten Bundes von Johannes dem Täufer rückwärts bis zu Abel, Abraham, Isaak, Jakob und allen Propheten mit Herrscherwürde bekleidet sein." (Schrst. Bd. 4, S. 325.)

„In diesem Kapitel liefern wir den biblischen Nachweis, daß das völlige Ende der Heiden ... mit dem Jahre 1914 erreicht sein wird, und daß zu diesem Zeitpunkt die Herrschaft unvollkommener Menschen ein Ende nehmen wird ..." (Schrst. Bd. 2, S. 76).

Pastor Russel lehrte also für das Jahr 1914: Beginn des Millenniums, d. h. der 1000-Jahr-Herrschaft Christi; Auferstehung der Fürsten Abraham, Isaak usw. und deren Einsetzung als sichtbare Herrscher auf Erden. Verschwunden ist, was die Menschen Christentum nennen, alle menschliche politische Ordnung endet, das Königreich Gottes auf Erden beginnt.

Die Wiederkunft Christi geschah im Jahre 1874. Das bewies Russel folgendermaßen:

„Wiederum haben wir gefunden, daß der zweite Advent unseres Herrn vom Propheten Daniel (12,1) angezeigt ist, jedoch in solcher Weise, daß er verdeckt blieb, bis die Ereignisse, die ihm voranzugehen vorausgesagt waren, in die Geschichte übergegangen wären ... Und laßt uns nicht übersehen, daß wir in der Berechnung der hier gegebenen symbolischen Zeiten den Schlüssel gebrauchten, der uns in der Art und Weise, wie der erste Advent angezeigt war, gegeben war, nämlich, daß ein symbolischer Tag ein buchstäbliches Jahr vorstellt.

---

²) Bei den Z. J. die Zeit von 607 v. Chr. bis 1914, in der Gott den Teufel und seine irdischen Vertreter unumschränkt herrschen ließ.

So fanden wir deutlich aus der Schrift nachgewiesen, daß die Zeit des zweiten Advents (Wiederkunft, d. Verf.) unseres Herren das Jahr 1874 sei, und zwar im Oktober jenes Jahres, wie in Bd. 2, Kapitel 6, gezeigt wurde." (Schrstr. Bd. 3, S. 118.)

So hatte Gott also Bruder Russel eingegeben, daß Christus nicht 1914, sondern 1874, 40 Jahre früher, wiedergekommen sei.

Über die Auferstehung der 144 000, auch ein Ereignis der Zeit des Endes und Wiederkunft Christi, lehrte Russel:

„Und da die Auferstehung der Kirche (der 144 000, d. Verf.) irgendwann während dieses ‚Endes' ... stattfinden muß ..., so halten wir es in völliger Harmonie mit dem ganzen Plane des Herrn, daß im Frühjahr des Jahres 1878 alle heiligen Apostel und alle Überwinder des christlichen Zeitalters, die in Jesu schliefen, zu Geistwesen gleich ihrem Herrn und Meister auferweckt wurden." (Schrst. Bd. 3, S. 219.)

Also 1878 Auferstehung der „Geistgezeugten"!

Die Wahrheit

1914 begann keine Tausendjahrherrschaft Christi. Die Fürsten standen nicht aus den Gräbern auf. Die sog. Macht des Papsttums war nicht gebrochen. Die Herrschaft auf Erden ging nicht auf Russels Fürsten über. Was die Menschen Christentum nannten, war nicht verschwunden. Die Herrschaft unvollkommener Menschen nahm kein Ende. Russels Voraussagungen oder Prophezeiungen waren also alle falsch. Der erste Weltkrieg brach aus, und Russel mußte seine Hoffnungen für 1914 begraben. Er verschob die Erfüllung aller Endzeitereignisse auf 1916 bzw. 1918. Doch das Geschick war gnädig mit ihm. Er starb, ehe er erneut eine schlimme Enttäuschung erleben sollte. Auch 1916 und 1918 ereignete sich nicht, was Russel prophezeit hatte.

Russel hatte noch viele andere Endzeitereignisse vorausgesagt: z. B. für 1881 das Ende des „hohen Rufes"[1]) und
die Wiederherstellung des Volkes Israels als Nation in
Palästina u. a. m. Auch diese Prophezeiungen trafen nicht
ein. Somit hat sich der erste Präsident der Zeugen Jehovas,
Charles Taze Russel, eindeutig als falscher Prophet erwiesen.

Das heißt man Geschichtsfälschung, wenn die Führer der
Zeugen durch den amerikanischen Schriftsteller Marley
Cole über Russel schreiben ließen:

> „Sie (die Zeugen) erblicken in ihm (Russel) den ersten
> Bahnbrecher einer wahren Erneuerung der Lehre, eines
> weitreichenden und für die Nachwelt wichtigeren Wer-
> kes als alles, was seit den Tagen Jesu und der Apostel
> getan worden ist.
>
> Er hat mehr getan für das Königreich des Messias als
> irgendein anderer, der je auf Erden lebte." (Ruther-
> fords Worte über Russel, nach Wachtturm v. 1. 12.
> 1916, S. 374; Marley Cole, Jehovas Zeugen, S. 53.)

Wahrlich: den Unsinn, den Russel über das Königreich
und den Messias gelehrt hat, hat vor ihm keiner propagiert. Alle wichtigen Lehren und Berechnungen Russels
wurden von seinen Nachfolgern verworfen.

Rutherfords Experiment mit Russels Nachlaß

Ob Rutherford wohl oft an die oben zitierten Worte über
Russel gedacht hat, wenn er an seinem Schreibtisch saß
und nach einem Ausweg aus der Sackgasse suchte, in die
Russel die „ernsten Bibelforscher" hineingeführt hatte?

Die Organisation der Zeugen geriet infolge der falschen
Voraussagen, wie Russel sie gemacht und hinterlassen
hatte, in schwere Krisen. Von Anfang an hatten sich ein-

---

[1]) Der „hohe Ruf" bei Russel die Zeit, in der die sog. 144 000
Geistgezeugten, die mit Christus die himmlische Regierung
der Neuen Welt bilden sollten, auserwählt werden.

zelne Gruppen von der Wachtturm-Gesellschaft abgespalten. Selbst Russels Ehe blieb von Wirrnis nicht verschont. Die Enttäuschungen aber, die die Jahre 1914—1918 bereiteten, brachten den Bestand der Zeugen-Organisation in ernste Gefahr. Viele Zeugen, die ihren gesunden Verstand bewahrt hatten, erkannten, daß sie genarrt worden waren, und quittierten diese Erkenntnis mit der Abwendung von der Utopie der Wachtturm-Gesellschaft.

Nach Ansicht Rutherfords konnte nur eine völlig neue Prophezeiung über das Ende der alten Welt und den Beginn der neuen Welt die Organisation retten. Natürlich durfte er nicht alles sofort verwerfen, was Russel gelehrt hatte. Man mußte daran anknüpfen.

Und so trat er mit dem Schlagwort auf: „Millionen jetzt Lebender werden niemals sterben!" Das war gleichzeitig der Titel eines Buches, das er dann in Millionen von Exemplaren verbreiten ließ.

Darin war der erste rettende Strohhalm enthalten: 1925 — das neue Datum! Der Beginn des Tausendjährigen Reiches in greifbarer Nähe! Tausende klammerten sich an dieses Datum.

Millionen, die 1925 leben, werden niemals sterben

Im Jahre 1920 ausgegeben, bereitet diese Losung den Zeugen Jehovas von heute mehr und mehr Kopfzerbrechen; denn die Jahre reihen sich bedenklich aneinander. Von den alten Zeugen, denen die Unsterblichkeitsbotschaft 1920 von Rutherford gepredigt wurde, sind nicht mehr viele am Leben.

Aber in den ersten Jahren nach dem ersten Weltkrieg war die zitierte Losung Rutherfords geeignet, die zerfallende Organisation zu retten. Wie stets in Zeiten allgemeiner Not und Wirrnis, findet jede These Anhänger, wenn sie nur großartige Verheißungen enthält und mit der nötigen Kühnheit vorgetragen wird. So war es auch mit dem

Schlagwort „Millionen jetzt Lebender werden niemals sterben!"

Die Zeit für diese vermessene Prophezeiung war von Rutherford gut gewählt. Der Tod hatte reiche Ernte gehalten. Die Massen der Völker hatten nur den einen Wunsch: Frieden und Sicherheit! Da traten die Führer der Zeugen mit Rutherford an der Spitze auf und versprachen mit ungeheurem Aufwand, 1925 werde die seufzende Menschheit von all ihren Sorgen und Leiden erlöst werden. Viele Leichtgläubige in dieser Zeit der Hoffnungslosigkeit wurden Opfer des Trugbildes dieser falschen Propheten.

Trotz der Irrtümer und Fehlschläge von 1914—1918 fanden sich Zehntausende, die diese naive Prophezeiung als glaubwürdig annahmen. Ich weiß, daß heute den jungen Brüdern gegenüber diese Dinge bestritten werden. Überhaupt stellen die Zeugenführer heute all das Frühere, das ihnen ungünstig erscheint, in ein günstiges Licht. In dem Buche „Millionen jetzt Lebender werden niemals sterben" heißt es:

„Wie wir hier vorausgehend dargelegt haben, ist der Beginn des großen Jubeljahr-Gegenbildes[1]) mit dem Jahre 1925 fällig. Zu jener Zeit soll die irdische Phase des Königreiches vorhanden sein ...

Daher können wir vertrauensvoll erwarten, daß mit 1925 die Rückkehr Abrahams, Isaaks, Jakobs und der glaubenstreuen Propheten des Alten Bundes eintreten wird, besonders derjenigen, deren Namen von dem Apostel in Hebräer 11 genannt werden — zu dem Zustande menschlicher Vollkommenheit." (Kapitel „Irdische Herrscher", Seite 80—81.)

---

[1]) Die Israeliten feierten in einem best. Zyklus Jubeljahre (richtig Jobeljahre, von Jobel = Posaune), in denen jeder sein verlorenes Eigentum zurückerhielt. Die Z. J.s benützten diese israelitische Einrichtung als Vorbild für die „Wiederherstellung aller Dinge", d. h. des Zeitpunktes, da Gott das irdische Königreich einführt.

„... daß also die alte Ordnung der Dinge, die alte Welt, zu Ende geht und daher verschwindet, und daß die neue Ordnung hereinbricht, und daß das Jahr 1925 die Auferweckung der treuen Überwinder des Alten Bundes und den Beginn der Wiederherstellung markiert, ist es vernünftig zu schließen, daß Millionen jetzt lebender Menschen im Jahre 1925 noch auf Erden sein werden. Sodann auf die Verheißungen, die in dem Worte Gottes niedergelegt sind, gestützt, müssen wir zu dem positiven und unbestreitbaren Schluß kommen, daß Millionen jetzt Lebender nie sterben werden." (Kapitel „Positive Verheißung", S. 28.)

Das Jahr 1925 kam, und mit ihm das Fiasko! Denn das irdische Königreich Jehovas wurde nicht aufgerichtet. Abraham, Isaak und Jakob und alle anderen alten Propheten erstanden nicht aus dem Grabe.

Und Millionen derer, denen für 1925 gesagt wurde, daß sie nie sterben, wenn sie dieses Jahr erreichen würden, sind längst beerdigt. Es ist doch eine Verdrehung der Tatsachen, wenn heute behauptet wird, das Wort Rutherfords werde sich noch erfüllen. 1920 prophezeite Rutherford, daß Millionen, die 1 9 2 0 leben, noch im Jahr 1 9 2 5 Jehovas Königreich auf Erden erleben würden! Bitte, Rutherford hatte kein späteres Datum als 1925 im Auge, eine Tatsache, über die die Wachtturmführer umsonst wegzutäuschen versuchen.

So hat sich auch der zweite Präsident der Zeugen Jehovas, Joseph Franklin Rutherford, als falscher Prophet erwiesen. Viele, die dumm genug waren, sich nach dem Fiasko von 1914/18 noch einmal von Rutherfords Versprechungen einfangen zu lassen, kehrten den Zeugen enttäuscht den Rücken.

Trotz dieses Fiaskos mit 1925 gab Rutherford nicht auf. Obwohl die „Fürsten" 1925 nicht auferstanden waren, ließ er in San Diego (Kalifornien, USA) ein Haus bauen, eine Villa, „Beth Sarim", Haus der Fürsten genannt. In diesem Hause sollten die Fürsten dann wohnen, wenn sie aus dem Grabe auferständen. Die Auferstehung Abrahams, Isaaks, Jakobs und anderer Fürsten vertagte Rutherford auf eine unbestimmte Zeit vor Harmagedon. Auch hier wurde Rutherford Lügen gestraft; denn sein Nachfolger, Knorr, ließ das Haus der Fürsten verkaufen und erklären, es habe seinen Zweck als Zeugnis für Jehova erfüllt. Wieder eine Falschdarstellung, denn den Zweck, eine Wohnstätte für die auferstandenen Patriarchen des Alten Testaments zu sein, hat Beth Sarim nicht erfüllt. Dafür war aber ursprünglich die Villa gebaut worden. Wird sich nicht auch Knorr als falscher Prophet erweisen, wenn er die Wahrheit so entstellt?

Rutherford revidiert den Kalender der Zeugen

Kaum war der Mitgliederschwund, der infolge der falschen Prophezeiungen von 1914 und 1925 eingetreten war, einigermaßen überwunden, begann Rutherford, den „biblischen" Zeitkalender zu revidieren. Mit dem so weit zurückliegenden Datum des Beginns der Endzeit, wie Russel es festgelegt hatte, nämlich 1799, kam er nicht mehr zurecht; denn das ließ ihm zu wenig Zeit und Spielraum für die Zukunft. Darum verlegte er den Beginn der Zeit des Endes auf das Jahr 1914. Natürlich hat ihm der Herr das geoffenbart!

Nicht 1874, sondern 1914 war Jesus Christus wiedererschienen. Für die Auferstehung der Patriarchen des Alten Bundes hatte er wohlweislich kein Datum mehr vorausgesagt. Da konnten also keine Pannen mehr eintreten wie 1914 und 1925. So haben die Zeugen Jehovas jahrelang herumgeraten, wann, wie und wo die Fürsten kommen würden. Verschiedenste Erwartungen haben sich Jehovas Zeugen nach 1945 zugeflüstert. Man tippte gemäß der „Vierzig-Jahr-Periode" auf 1954 oder 1958. Aber auch das erfüllte sich nicht. — Eine weitere Revision des Kalenders der Zeugen läßt sich im Buche „Befreiung" (1926) erkennen. Rutherford macht da nur sehr vage Zeitangaben. Er legt sich nicht mehr auf bestimmte Zeitpunkte fest.

Russel behauptete, die geistige Auferstehung der 144 000 von Jehova Auserwählten sei 1878 erfolgt. Rutherford verlegt diesen Zeitpunkt im Jahr 1928 auf 1918. (Siehe das Buch „Versöhnung" 1928, S. 293.) Beides soll unumstößlich wahr sein!

Russel sagte, Christus sei 1878 „zum Tempel gekommen", Rutherford ließ Christus 1918 zum Tempel kommen.

Im Jahre 1931 schreibt Rutherford in seinem Buche „Rechtfertigung":

> „Jehovas Getreue auf der Erde wurden in ihren Erwartungen für die Jahre 1914, 1918 und 1925 in etwa enttäuscht ...
>
> Später lernten die Treuen, daß ... sie ... keine Daten mehr für die Zukunft festsetzen und nicht voraussagen sollten" (Bd. 1, S. 332).

Warum erwähnt der „treue" Präsident nicht auch die Jahre 1799, 1874, 1878, 1881 u. a. m.? Fand er hierfür keine Rechtfertigung? Die Getreuen wurden „in etwa enttäuscht"? Sind das nicht Beschönigungsversuche? Alle ernsten Bibelforscher wurden damals gründlich enttäuscht.

1914 wurden sie so gründlich betrogen, daß sie sich selbst mit dem Leichnam verglichen, der auf der Straße der großen Stadt lag (Offb 11,8).

Daß Rutherford die göttlichen Prophezeiungen immer wieder zu einem anderen Zeitpunkt sich erfüllen sieht, entlarvt ihn somit erneut als falschen Propheten.

Die Berechnung von 1914 in der Wurzel verfälscht!

Was würde wohl Moses sagen, wenn er in dem Buche der Zeugen „Dies bedeutet ewiges Leben" (Seite 69) die Auslegung seiner Worte „je einen Tag für ein Jahr" lesen würde? — Er müßte den Kopf darob schütteln! —

Auch Ezechiel tun diese Bibelforscher Gewalt an, wenn sie die Worte „je einen Tag für ein Jahr habe ich dir auferlegt" zur Berechnung der Zeit des Endes mit dem tierischen Wahnsinn Nebukadnezars (Daniel 4) in Zusammenhang bringen.

Nehmt doch einmal eure Bibel zur Hand, ihr ernsten Bibelforscher, und lest die genannten Schriftstellen in 4 Moses 14,34 und Ezechiel 4,6 nach. Geht dabei aber nicht hinaus über das, was dort tatsächlich geschrieben steht. Das wäre nach 1 Korinther 4,6 das Verwerflichste, was ihr tun könntet.

Worauf beziehen sich die beiden genannten Schriftstellen? Etwa auf die Zeit des Endes, auf die Wiederkunft Christi oder auf Nebukadnezars Wahnsinn gemäß Daniel 4? Nichts dergleichen!

Die Israeliten hatten gegen ihren Gott gemurrt und bekamen eine Strafe von 40 Jahren auferlegt für die 40 Tage, welche ihre Kundschafter im verheißenen Land waren, für jeden Tag ein Jahr. Das kommt in 4 Moses 14,34 zum Ausdruck.

Nichts weiter!

Ezechiel sollte den Häusern Juda und Israel in sinnbildlicher Weise ein Gericht ankündigen. Es handelte sich um eine Gerichtszeit von 390 Jahren, die Ezechiel durch ein bestimmtes persönliches Verhalten 390 Tage lang vordemonstrieren sollte. Für jedes Jahr einen Tag. Das kommt in Ezechiel 4,6 zum Ausdruck. Nichts weiter!

Welchen biblischen Hinweis gibt es, diese Rechenmethode „ein Tag für ein Jahr" auf irgendeine andere göttliche Anordnung oder Verheißung als die in 4 Moses und Ezechiel 4 erwähnten anzuwenden? Keinen! Eine Übertragung dieser Methode auf irgendeine andere Rechnung ist daher ein Akt der Willkür. Wenn Ezechiel und Moses nach dieser Methode handeln mußten, so hatte Gott dies gemäß der Bibel ausdrücklich befohlen.

Wo aber findet sich der biblische Hinweis dafür, die Berechnung der Zeit des Endes nach der Methode „ein Tag für ein Jahr" vorzunehmen? Nirgends.

Dennoch dient diese Methode Jehovas Zeugen dazu, die Zeit des Endes zu berechnen. Diese Rechnung ist somit in der Wurzel schon verfälscht, ein Akt unbiblischer Willkür. Auch Russel wandte diesen Maßstab „ein Tag für ein Jahr" für seine Endzeitberechnungen an und stellte die Jahre 1799, 1874, 1878 als biblische Daten hin. Hat sich etwa die auf dieser Grundlage errechnete Wiederkunft Christi 1874 als richtig erwiesen? Sie mußte von Rutherford trotz der biblischen Zeitrechnung „ein Tag für ein Jahr" verworfen werden.

Also ist das Zeitmaß „ein Tag für ein Jahr" auf nichts anderes anwendbar als nur auf das, wovon in Moses und Ezechiel die Rede ist. Weil die Führer der Zeugen aber diese biblische Tatsache mißachten, gehen sie über das hinaus, was geschrieben steht, und sind somit gemäß 1 Kor 4,6 gerichtet, Präsident Rutherford zu seiner Zeit wie sein Nachfolger Knorr heute.

Geschichtsfälschungen

Wir wissen, was Russel für das Jahr 1914 prophezeit hatte. Seine Voraussagen erwiesen sich als falsch. Rutherford stürzte die Rechnung Russels um, verlegte die Wiederkunft Christi von 1874 auf 1914, gab diesem Jahr also einen völlig neuen und anderen Sinn. Er verschob somit eine ganze Zeitperiode von 40 Jahren.

Aber unter der Regie Knorrs behaupteten die Zeugen in der „Neuzeitlichen Geschichte der Zeugen Jehovas", daß Russel und seine Anhänger das Jahr 1914 als „richtig" erkannten. Richtig, die Jahreszahl 1914 halten die Zeugen aufrecht. Was aber das „richtige" Jahr 1914 in der „richtigen" biblischen Erkenntnis eines Russel ursprünglich bedeutete, läßt sich aus den heutigen Vorstellungen der Zeugen Jehovas nicht wiedererkennen (Wachtturm, 15. Mai 1955, S. 302).

Russel lehrte durch die Gnade Jehovas, daß 1914 das göttliche Gericht über die Welt bei Harmagedon stattfinden werde. Dann sollte das „Tausendjährige Reich" Christi beginnen, nachdem die Herrschaft der Nationen geendet hatte. Auch sollten die Glieder „des Leibes Christi" (die 144 000) 1914 in den Himmel kommen. Noch 1918 hofften die auserwählten Zeugen, in den Himmel zu gelangen. Der heutige Zweigdiener von Südafrika, der sich damals von dieser Verwirrung erholt hat, schreibt darüber:

„Im September oder Oktober 1917 brachte ein Neuankömmling die Nachricht ins Gefängnis, das Buch „Das vollendete Geheimnis" sei herausgekommen (in Englisch), (Bd. 7 der Schriftstudien, nicht von Russel geschrieben, nur seine Grundgedanken wurden hierin verarbeitet, d. Verf.), und die Kirche werde im Frühjahr 1918 hinweggenommen werden.

Ob ich wohl hierzu als würdig erachtet werde? Und meine Leute daheim in Glasgow? Und die anderen Brüder überall? Und wie sollte ich hinweggenommen werden?

Am 11. November 1918 um 11 Uhr ... kündeten die Sirenen das Ende des ersten Weltkrieges an. Was nun? Ich war im April nicht in den Himmel gekommen. (Wachtturm v. 1. März 1957, deutsch, S. 139.)

Tausende haben damals auf Grund solch grober Irreführung die Reihen der Zeugen verlassen. Verständlicherweise!

In ihrer „Neuzeitlichen Geschichte der Zeugen Jehovas" aber verdunkeln die Führer Brooklyns die früheren Erwartungen Russels, Rutherfords und ihrer Getreuen:

„... einige glaubten", oder „einzelne waren enttäuscht, da sie unrichtigerweise von sich gedacht hatten, sie kämen im Jahre 1914 in den Himmel, um Glieder der unsichtbaren Königreichsorganisation zu werden." (Wachtturm 1955, S. 302.)

„Einige glaubten" oder „einzelne dachten von sich unrichtigerweise"? Nein, nicht einige hatten geglaubt, sondern 1914 bzw. 1918 erwarteten alle Russeliten oder Bibelforscher oder Zeugen Jehovas, in den Himmel zu kommen. Die Wachtturm-Gesellschaft hatte sie das jahrelang gelehrt. Das ist die Tatsache!

Die „Neuzeitliche Geschichte der Zeugen Jehovas" schweigt sich also über das aus, was Russel tatsächlich lehrte, was seine Nachfolger tatsächlich über 1918 im siebenten Band der Schriftstudien geschrieben haben.

Ich selbst war erschüttert, als ich das alles las. Ich konnte es nicht fassen, daß man wissentlich die Geschichte gefälscht hatte. Und doch ist es so.

1914 bzw. 1918 sollten tatsächlich die „alten Überwinder" die Regierung über die Erde übernehmen.

Auch hofften damals die Zeugen erneut, 1925 in den Himmel zu kommen. Wie umschifft nun die „Neuzeitliche Geschichte" wieder diese Klippe von 1925?

> „Das Jahr 1925 war ein Jahr besonderer Erwartungen, da viele der Gesalbten dachten, die verbleibenden Glieder des Leibes Christi müßten dann den Wechsel zu himmlischer Herrlichkeit erfahren." (Wachtturm 1955, S. 463.)

Nicht nur „viele der Gesalbten dachten", sondern die ganze Wachtturm-Gesellschaft glaubte an die himmlische Verklärung ihrer Mitglieder im Jahre 1925; denn die Führer der Zeugen Jehovas hatten die sog. Gesalbten in der Broschüre „Millionen jetzt Lebender werden niemals sterben" so belehrt.

Welche Verantwortungslosigkeit der Führer der Zeugen! Erst geben sie falsche Prophezeiungen für alle aus. Treffen diese nicht ein, machen sie für das Fiasko „einige Gesalbte" verantwortlich.

Welche Unaufrichtigkeit!

George R. Phillips, der heutige Zweigdiener von Südafrika, gewährt uns noch einmal einen interessanten Blick in das Jahr 1925:

„Im Mai 1924 kündigte Bruder Rutherford während eines seiner Besuche in Glasgow bei der damals stattfindenden Hauptversammlung an, er werde einen Bruder vom britischen Zweigbüro nach Südafrika senden, damit er dort als Zweigdiener amte. Als wir am nächsten Vormittag in einem Vorzimmer warteten . . ., sagte Bruder Rutherford zu mir: ‚Du hörtest mich doch gestern abend ankündigen, daß ich einen Bruder nach Südafrika senden werde. Möchtest du mit ihm gehen? . . . Überlege es dir reiflich und gib mir am Nachmittag Bescheid!‘

Als ich ihm meinen Entschluß an jenem Nachmittag bestätigte, sagte er unter anderem: ‚Es kann für ein Jahr sein, George, oder auch länger.‘

Er glaubte immer noch fest, daß die Fürsten im kommenden Jahr zurückkehren würden, und daß dann rasch große Veränderungen einträten." (Wachtturm 1957, deutsch, S. 140.)

Hat Jehova Rutherford im Hinblick auf die 1925 verkündete Auferstehung von Abraham, Isaak, Jakob und anderen „Fürsten" planen und organisieren lassen? Wußte Jehova nicht, daß sein Diener Rutherford jahrelang einen Irrtum verkündigte? Hat Jehova jahrelang veranlaßt, daß Rutherford Irrlehren verbreitete und alle seine Anhänger, ja die ganze Welt damit beglückte? — Undenkbar!

Heute, wo die meisten Zeugen Jehovas die wirklich geschichtlichen Tatsachen nicht oder nur verschwommen kennen, weil die Führer der Zeugen eine beschönigte Vergangenheit als „Neuzeitliche Geschichte" erscheinen lassen, stehen die Führer der Zeugen natürlich unantastbar und gerechtfertigt da.

Ist das Verschweigen von nachteiligen Tatsachen zur Erlangung von Vorteilen nicht Betrug? Machen sich die heutigen Führer der Zeugen nicht dieses Betruges schuldig? Wissen sie nicht ganz genau, was früher im Namen Gottes und der Wachtturm-Gesellschaft gelehrt worden ist? Ihre Archive geben darüber ausführlich Auskunft. Warum berichten die Zeugenführer im wesentlichen über die Vergangenheit der WT-Lehre nur das, was positiv zu werten ist? Kompromittierende Erklärungen und Ereignisse, welche die Wachtturm-Gesellschaft unglaubwürdig erscheinen lassen, werden beschönigt oder verschwiegen. Warum? Um möglichst viele Anhänger für eine „wunderbare" Religionsbewegung zu gewinnen.

1914 n. Chr. begann das Ende dieser Welt nicht

Nun das neueste Rechenexperiment, das Jehovas Zeugen unter der Regie von Mr. Knorr zum Jahre 1914 führen soll:

„Im Falle Nebukadnezars waren ‚sieben Zeiten' sieben buchstäbliche Jahre, während derer er seines Thrones beraubt war.

Diese sieben Jahre entsprechen 84 Monaten oder 2520 Tagen, denn die Bibel rechnet jeden Monat zu 30 Tagen. In Offenbarung 12,6 14 werden 1260 Tage als „eine Zeit und Zeiten und eine halbe Zeit" oder 3^1/$_2$ Zeiten erwähnt. „Sieben Zeiten" sind also zweimal 1260 oder 2520 Tage.

Ezechiel, ein treuer Prophet Jehovas, schrieb: „Je einen Tag für ein Jahr habe ich dir auferlegt" (Ez 4,6).

W e n n   d i e s e   R e g e l   a n g e w a n d t   w i r d (hervorgehoben v. Verf.), sind 2520 Tage gleich 2520 Jahren. Da Gottes Vorbild-Königreich mit seiner Hauptstadt Jerusalem im Herbst des Jahres 607 v. Chr. zu bestehen aufhörte, bringen uns also die 2520 Jahre, wenn wir die ‚Zeiten der Nationen' von da an rechnen, zum Herbst des Jahres 1914 nach Christi." (Gott bleibt wahrhaftig, S. 264.)

Der erste entscheidende Fehler in dieser Rechnung: „Je einen Tag für ein Jahr" ... Die Anwendung dieser Regel auf die Berechnung der Zeit des Endes ist Willkür.

Der zweite umstrittene Punkt ist der Anfang der gesamten Rechnung, das Jahre 607 v. Chr. Sämtliche Lexika geben als Datum der Zerstörung Jerusalems nicht 607 v. Chr., sondern 586 v. Chr. an.

Der dritte entscheidende Fehler dieser Endzeitberechnung: Nehmen wir das Jahr 607 v. Chr. als das Jahr der Zerstörung Jerusalems an und zählen wir die 2520 Jahre für 2520 Tage; glauben wir mit den Zeugen, daß die Bibel jeden Monat zu 30 Tagen rechnet (Trost für die Juden, S. 70; Rüstung, S. 350; Gott bleibt wahrhaftig, S. 264).

Rechnet man jeden Monat mit 30 Tagen, dann umfassen „Sieben Zeiten" oder sieben Jahre 2520 Tage. Das sind 84 Monate oder sieben Jahre zu je 360 Tagen. Ein Jahr hat nach der Brooklyner Rechnung bloß 360 Tage.

2520 Jahre zu je 360 Tagen (= biblisches Jahr), von 607 v. Chr. an gerechnet, führen uns aber niemals in das Jahr 1914 n. Chr., sondern in das Jahr 1878 n. Chr.

Die Führer der Zeugen müssen in Rechnung stellen, daß die wirkliche Zeitspanne von 607 v. Chr. bis 1914 n. Chr. nicht nach biblischer Zeitrechnung, sondern nach unserem heutigen Kalender 2520 Jahre beträgt. Und nach diesem Kalender zählt jedes wirkliche Jahr 365 Tage einschließlich eines Schalttages in jedem vierten Jahr.

Diese Rechnung der Wachtturm-Gesellschaft stimmt also um 2520 mal 5 Tage, 6 Stunden und 9,54 Minuten nicht. Das sind 36$\frac{1}{2}$ Jahre! Welch unbiblische Rechnung haben die Fürsten von Brooklyn aufgestellt! Nicht nur unbiblisch, nein, sogar unrichtig, weil falsch gezählt!

Man kann sich eigentlich gar nicht vorstellen, daß diese falschen Berechnungen den Brüdern in Brooklyn nicht aufgegangen sein sollen, gab es doch unter den Zeugen schon genug Streit um Jahreszahlen und Berechnungen.

In dem neuen Buche „Dein Wille geschehe auf Erden"

haben sie versucht, diesen Fehler wiedergutzumachen, und scheinbar stimmt jetzt wieder alles. Doch auch die neuen Erklärungen in diesem Buch sind nur eine Beschönigung.

Und wie steht es um die Zeichen, um jene Begleitumstände, welche die 1914 beginnende Endzeit kennzeichnen sollen? Das ist die nächste Frage, die sich mir und jedem Zeugen aufdrängt, der die Haltlosigkeit der 1914-Rechnung erkennt oder zu begreifen beginnt.

Sind 1914 die Zeichen eingetreten, welche die Bibel für die Zeit des Endes prophezeit?

Die Begleitumstände oder Ereignisse um 1914 bilden keinen unanfechtbaren Beweis für das Ende. Erstens: wir müßten diese Zeichen schon im Jahre 1878 suchen; denn das ist ja in Wirklichkeit das 1914 der Zeugen. Zweitens: hatten nicht Russel und sein Anhang, auch noch Rutherford bis 1928 Kriege, Hungersnöte, Anarchie, Erdbeben usw. auf die Zeit Napoleons bezogen? Hatte nicht auch Napoleon den Erdkreis erschüttert? (Bd. 3 der Schriftstudien Russels.)

Die Anarchie, die für die Zeit nach dem ersten Weltkrieg vorausgesagt war, ist nicht eingetroffen. Alle anderen Begleiterscheinungen sind auf j e d e n großen Krieg der Menschheitsgeschichte anwendbar. Jeder große Krieg wäre dann ein Zeichen der Wiederkunft Christi gewesen. Russel sagte die endgültige Vernichtung aller christlichen Kirchen für 1914 voraus. (Schriftstudien, Bd. 3, S. 146.) Sie sind heute noch da. Jetzt hofft die Zentrale in Brooklyn, daß der Kommunismus die Kirchen stürzen möchte (Erwachet, v. 8. 8. 1956, deutsch, S. 8). Die ganzen „Endzeitereignisse", welche die Zeugen Jehovas als biblischen Beweis des Weltendes ansehen, sind also anfechtbar und unglaubwürdig.

Die Juden in Palästina

Bis Ende der zwanziger Jahre lehrten die Zeugen Jehovas, daß Jehova das ehemals auserwählte Volk Israel als Nation in Palästina unter Gottes Führung zusammenführen

werde. In einem „Zeugnis an die Herrscher der Welt"
(Auflage 51 Millionen) proklamierte Rutherford 1926
von London aus diese Rückkehr der Juden nach Palästina
als ein Zeichen der Zeit des Endes. Deshalb sei den Staatsmännern eine schwere Verantwortung auf die Schultern
gelegt, die nicht abgeschüttelt werden könne.

Doch auch in der jüdischen Frage offenbaren sich die Führer der Zeugen als widerspruchsvolle Bibelausleger und
falsche Propheten.

Der erste Präsident der Zeugen Jehovas, Russel, schrieb
über die Rolle der Juden im Zusammenhang mit der
Zeit des Endes und Gottes Vorhaben:

> „Daß die Wiederherstellung Israels in dem Lande Palä-
> stina eines der an diesem Tage des Herrn zu erwarten-
> den Ereignisse ist, sind wir durch den Ausspruch des
> Propheten völlig versichert. Beachte insonderheit, daß
> diese Prophezeiung in keinem sinnbildlichen Sinne aus-
> gelegt werden kann. Es ist kein Kanaan im Himmel,
> für das die Juden bestimmt sind, sondern ein Kanaan
> auf Erden." (Schrst. Bd. 3, S. 228.)

Das Jahr 1878 verkündete Russel durch die Gnade Jehovas als das Jahr, in dem die Gunst und Gnade Gottes
zu den Juden zurückkehrt. (Schrst. Bd. 3, S. 242.) Russel
verkündete hier, eine sinnbildliche Auslegung der Bibel
hinsichtlich der Rückkehr der Juden sei unmöglich. Er
weiß sich dabei in völliger Übereinstimmung mit dem
Propheten der Bibel.

Der zweite Präsident Rutherford hielt die Lehre von Russel vorerst noch aufrecht. Er schrieb im Jahre 1925 ein
ganzes Buch unter dem Titel „Trost für die Juden", das
sich mit der Rückkehr der Juden ins „Verheißene Land"
befaßt. Er ließ sich vom Herausgeber der Wachtturm-
Gesellschaft „als ein in der ganzen Welt bekannter Freund
der Juden" proklamieren. Damit, daß die Juden bei Gott
schon 1878 wieder Gnade gefunden haben sollten, war
Rutherford allerdings nicht einverstanden. Er verlegte die

Rückkehr der Juden auf das Jahr 1914. Dabei wendete er mit einer kleinen Änderung die oben beschriebene, unhaltbare Rechenart an.

Heute wird die früher „von Gott selbst veranlaßte" Rückkehr der Juden nach Palästina als ein von Satan eingefädeltes Werk gebrandmarkt. Die entsprechenden Bibelauslegungen von Russel und Rutherford und ihre dazugehörigen Berechnungen, wie z. B. in „Trost für die Juden", sind damit restlos verworfen. So stempeln sich die Führer der Zeugen gegenseitig zu falschen Propheten. Warum merken dies die Anhänger der Wachtturm-Gesellschaft nicht? — Das Buch „Trost für die Juden" wird den meisten Zeugen Jehovas unbekannt sein. In den Bibliotheken der heutigen Königreichssäle ist es den Brüdern nicht zugänglich. Bis auf wenige Archivexemplare werden die Führer der Zeugen dafür gesorgt haben, daß dieses Buch aus der Öffentlichkeit verschwand. Denn gerade dieses Buch beweist, wie kaum ein anderes, welch falsche Prophezeiungen die Führer der Zeugen veröffentlicht haben.

Irreführungen des jüdischen Volkes

Russel, Rutherford und Knorr haben bis heute ein widerspruchsvolles und somit verantwortungsloses Spiel mit den Juden getrieben, mit ihrer Bedeutung als „Volk oder Nation" und mit ihren Bestrebungen, nach Palästina zurückzukehren.

Der „in der ganzen Welt bekannte Freund der Juden", J. F. Rutherford, 2. Präsident der Zeugen Jehovas, verkündete durch Jehovas Gnade für und über die Juden folgendes:

„Der Wiederaufbau Palästinas hat nun begonnen und schreitet gut voran. Das geschieht offenbar in Erfüllung der Prophezeiung, die als Verheißung von Jehova gegeben wurde. Dies allein schon sollte nicht nur die ehrfurchtsvolle Aufmerksamkeit, sondern auch das tiefste Interesse all derer erregen, die glauben, daß Jehova Gott ist.

Es war der große Gott Jehova, der durch Männer, die an ihn glaubten, redete und Dinge voraussagte, die wir heute in Palästina vor sich gehen sehen. Das Vorrecht, zur Zeit der Erfüllung dieser Prophezeiung auf Erden leben zu dürfen, kann nicht genug wertgeschätzt werden. (S. 13.)

Mögen alle, die diese Prophezeiung lesen, von Freude erfüllt werden; denn die Zeit ihrer Erfüllung ist gekommen! ... Dieses Kapitel ist der Betrachtung der Tatsachen gewidmet, daß die Zeit gekommen ist, da Israel getröstet werden soll. (S. 67.)

Bereits sind jetzt neunundachtzig Kolonien in Palästina errichtet worden ... Die Juden pflanzen Weinberge und genießen deren Frucht, das ist der Anfang der Erfüllung der Prophezeiung: ‚Und sie werden Häuser bauen und sie bewohnen usw. ...‘ Jesaja 65,21—23. (S. 83.)

Dieses Zeugnis ist also eine vollkommene Bestätigung dessen, was die Propheten in alter Zeit geweissagt haben, und was heute die tatsächlichen Geschehnisse in Erfüllung dieser Prophezeiung als Wahrheit beweisen. (S. 89.)

Jedem Juden, der diesen Ausführungen, die ausschließlich auf die Heilige Schrift gegründet sind, aufmerksam gefolgt ist, muß offenbar geworden sein, daß es Gottes Wille ist, daß die Juden in den Besitz Palästinas gelangen sollen ... und daß Gott diese Zusicherung auch halten wird ... In Erfüllung der Prophezeiung werden die Juden jetzt in Palästina wieder gesammelt." (S. 155.)

Das sind nur einige Auszüge aus Rutherfords Buch „Trost für die Juden"! Auch das Buch „Leben", 1929 von Rutherford geschrieben, ist in diesem Sinne verfaßt. Vieles darin stimmt wortgetreu mit dem Inhalt des Buches „Trost für die Juden" überein.

Aus „Trost für die Juden" geht somit eindeutig hervor, daß Jehovas Zeugen unter Rutherford die „Zurück-nach-Palästina-Bewegung" als Wahrheit und Erfüllung göttlicher Weissagungen betrachtet haben, ja, daß Jehova persönlich diese Rückkehr leitete. Rutherford hebt Gottes wunderbare Überwaltung der Organisation des Zionismus wie folgt hervor:

> „Der Zionismus wurde im Jahre 1897 in der Schweiz, und zwar in Basel, zu einer Körperschaft organisiert; an jenem Kongreß, auf dem die Bildung dieser Organisation zustande kam, waren genau 206 Abgeordnete anwesend, also genau soviel Delegierte, als das Gerüst des menschlichen Körpers Knochen und Gebeine aufweist.
> Das war kein bloßer Zufall, sondern eine von Gott überwaltete Tatsache, die da zeigt, wie Gott sich auch um die Wiederannahme der Juden als sein Volk kümmert" (Trost f. d. Juden, S. 112.)

206 Abgeordnete für 206 Knochen und Gebeine des menschlichen Körpers — welch Wunder des Herrn! Glich Rutherford nicht einem unreifen Kind, wenn er solche Märchen verkündete? Aber e r fand seine Verheißung ausschließlich in der Heiligen Schrift begründet.

Im Jahre 1932 hatte sich das Blatt gewendet. Der gleiche Mann, der „in der ganzen Welt bekannte Freund der Juden", schreibt im Buche „Rechtfertigung", Bd. 3, S. 321:

> „Man hat gedacht, daß das jetzt als Juden bezeichnete Volk im Königreiche einen besonderen Vorzug genießen werde, doch wird diese Annahme von der Bibel nicht gestützt."

„Man hat gedacht!" Man hat gedacht? R u t h e r f o r d hatte doch gedacht! Warum gesteht er das nicht ein? Weil er zu feige ist, seine falschen Prophezeiungen zuzugeben! Darum lenkt er ab auf ein unbekanntes „man". Was gilt heute noch bei der WT-Führung die biblische Verheißung dieses „man"? Nichts!

Genau wie einst Rutherford gegenüber einigen Rivalen in den Brooklyner Machtkämpfen zum Todesstoß ausholte, weil sie sich eine von ihm abweichende Meinung gebildet hatten, so verurteilte Knorr im Buche „Gott bleibt wahrhaftig" Rutherfords Prophezeiung über die Rückkehr der Juden:

> „Manche jüdische Führer glauben, die Bibel stütze ihre Behauptung, daß sie wieder in ihr ‚Gelobtes Land' Palästina versammelt würden. Zum Beweis werden Schriftstellen wie Jeremia 32,37 angeführt: ‚Siehe, ich werde sie aus allen Ländern sammeln, wohin ich sie vertrieben habe in meinem Zorn ... und ich werde sie an diesen Ort zurückbringen und in Sicherheit wohnen lassen.' (Siehe auch Jesaja 40,1,2.)
>
> Sie erkennen nicht, daß die erste oder kleine Erfüllung jener Verheißung beim jüdischen Überrest eintrat, der im Jahre 537 v. Chr. aus Babylon zurückkehrte, daß die hauptsächliche oder vollständige Erfüllung sich auf das ‚Israel Gottes' bezog, also auf solche, die ‚innerlich Juden' — oder geistige Israeliten sind ... Seit dem Jahre 1919 n. Chr. sind diese in einen Zustand der Gunst Jehovas auf Erden eingesammelt worden, indem sie als seine Zeugen und als Gesandte seines Königreiches wirken dürfen." (S. 220.)

Russel behauptete, die Prophezeiung über die Einsammlung der Juden könne in keinem sinnbildlichen Sinne ausgelegt werden; Knorr lehrt dagegen, man müsse die Prophezeiung über die Juden unbedingt sinnbildlich verstehen.

Aber auch Knorr lenkt geschickt von den früheren Führern der Zeugen ab. Er will sie nicht als falsche Propheten bloßstellen. Rutherford gab vor, „man dachte, die Juden ..." usw., obwohl er derjenige war, der so dachte und lehrte. Knorr schiebt die falschen Vorstellungen über die

Juden einfach in die Schuhe jüdischer Führer. Er sagt, „manche jüdischen Führer glaubten, die Bibel stütze..." usw.

Nicht nur jüdische Führer, sondern vor allem die Führer der Zeugen, die sich damals als internationale Freunde der Juden verherrlichen ließen, haben geglaubt und gelehrt, daß die Juden in Erfüllung göttlicher Prophetie nach Palästina zurückkehren würden. Sie haben zum Beweis dafür Schriftstellen angeführt. Es bedarf nur eines Blickes in die Bücher „Leben" und „Trost für die Juden". So schützt ein falscher Prophet den anderen. Welche Verdrehung von Tatsachen, wenn Knorr durch den Wachtturm erklärt:

> „Durch die Veröffentlichung von Band 2 des Buches ,Rechtfertigung' in jenem Jahre (1932, d. Verf.) erkannten Jehovas Zeugen, daß eine solche Zurück-nach-Palästina-Bewegung' vom Geiste des E r z f e i n d e s Jehovas in die Wege geleitet wurde, von S a t a n , der die ganze Welt betrogen hat." (Wachtturm v. 15. Juli 1955, Neuzeitliche Geschichte der Zeugen Jehovas, 10. Teil; Hervorhebungen v. Verf.)

Demnach wären Russel und Rutherford Werkzeuge des Teufels?

Denn s i e proklamierten ja als Gottes Willen, daß die Juden nach Palästina heimkehren. Daß Gott diese seine Zusicherung halten würde, das war satanischer Irrtum!

Also haben Russel und Rutherford, durch Satan, den Erzfeind Gottes, verführt, zu dieser Zeit die ganze Gemeinschaft der Zeugen Jehovas betrogen. Kühn aber läßt Knorr durch den Wachtturm verkünden:

> „Die bösen Geistermächte aber haben Gelingen gehabt, die ganze bewohnte Erde, nicht aber die Neue-Welt-Gesellschaft der Zeugen Jehovas irrezuführen." (Wachtturm v. 1. Mai 1956, deutsch, S. 280.)

Kennt Mr. Knorr die „Tatsachen" nicht, die Russel und Rutherford hinsichtlich der Juden konstruiert haben? Er kennt sie sehr gut. Wenn Knorr die Palästina-Bewegung der Juden als teuflische Bewegung proklamiert, weiß er ganz genau, daß es Russel und Rutherford waren, die im Namen Gottes f ü r die Palästina-Bewegung sprachen. Er schweigt sich aber über beider Meinung aus, um nicht enthüllen zu müssen, daß Jehovas Zeugen durch Russel und Rutherford im Namen Gottes irregeführt worden sind. Welch geschickte Kunst, Tatsachen zu verschleiern und zu übertünchen!

Und wie eifrig haben die Zeugen damals in den zwanziger und dreißiger Jahren die Bücher Rutherfords von Haus zu Haus getragen! Heute bescheinigt ihnen Knorr, daß die Zeugen Jehovas zur Zeit Russels und Rutherfords Teufelsgeist verbreitet haben.

Sind nun die Juden allen Trostes bar, weil ihnen Knorr Rutherfords „Trost" zerschlagen hat? Kaum, denn die Mehrheit der Juden hat die Zeugen und ihre Präsidenten Russel und Rutherford nie ernst genommen. Die Tatsache aber bleibt bestehen, daß Rutherford mit 51 Millionen Exemplaren seines „Trostes" und vielen Millionen anderer Bücher, die dieselben Irrtümer enthielten, im Namen Gottes und gestützt auf die Bibel, den Versuch unternahm, die Juden irrezuführen.

Der König des Nordens und der König des Südens in der Endzeit

Ein markantes Zeichen der Zeit des Endes bildet für die Zeugen die „Erfüllung" der biblischen Aufzeichnungen über die Könige des Nordens und des Südens (Daniel 11. Kap.). Im Buche Daniel heißt es hierüber unter anderem:

> „Und zur Zeit des Endes wird der König des Südens mit ihm zusammenstoßen, und der König des Nordens wird gegen ihn anstürmen" (11,40,41).

Russel gibt folgende Auslegung:

„Ägypten ist der König des Südens und England ist der des Nordens." Im Kriegsverlaufe Napoleons sieht Russel die Bestätigung seiner Erkenntnis. (Schrst. Bd. 3, S. 39.)

Im Buche „Die Harfe Gottes", das seinerzeit eine ähnliche Bedeutung für die Zeugen hatte wie heute das Buch „Gott bleibt wahrhaftig", unterstützt Rutherford die Thesen Russels über die Könige. Auf Seite 214, Abs. 395 heißt es diesbezüglich:

„Der Feldzug des großen Feldherrn Napoleon Bonaparte ist eine klare Erfüllung dieser Prophezeiung."

Im Jahre 1942 wurde dieses Licht Rutherfords und Russels ausgelöscht. Es erschien ein neues Buch, „Die neue Welt". Ein ganzes Kapitel ist darin den beiden Königen Daniels gewidmet, überschrieben „Endgültiges Ende nahe". Während Russel England als König des Nordens betrachtete, erscheinen hier Ägypten, England und die USA als König des Südens. Der König des Nordens seien Deutschland, Papsttum und Hierarchie der katholischen Kirche, Italien und Japan.

Dem Nordkönig, also Deutschland, Italien und Japan, sagen die Zeugenführer den Sieg voraus, allerdings mit der Einschränkung, daß der Südkönig nicht unbedingt eine militärische Niederlage hinnehmen muß. Eine ganz raffinierte Art der Voraussage! Die Führer der Zeugen lassen für jeden anderen Ausgang des Krieges eine Hintertüre offen. Man kann ihre Auslegung nämlich in verschiedenster Richtung weiter ausdeuten.

Statt zu siegen, wie die Zeugen allerdings deutlich verkündeten, erlitt der Nordkönig eine vollständige Niederlage. Wenn man in diesem Zusammenhang an die Bedeutung der Sowjetunion als Verbündeten des „Südkönigs" denkt, die zur Niederlage des „Nordkönigs" entscheidend beigetragen hat, so gerät die Auslegung der Zeugen völlig aus der Fassung. Eigenartig, wie der Herr seine in Dan 11 niedergelegten Prophezeiungen in der Endzeit erfüllt! Das Durcheinander dieser „Erfüllungen" beweist, daß die Endzeit, wie die Zeugen sie proklamieren, gar nicht angebrochen ist, daß die Führer der Zeugen die Bibel völlig willkürlich auf unsere heutige Zeit anwenden.

Welche Verwirrung in ihren „biblischen Wahrheiten"!

Der Greuel der Verwüstung

Für die Führer der „Zeugen" gilt das Erscheinen des „Greuels der Verwüstung" in den Weltereignissen als ein weiterer unumstößlicher Beweis für die „Zeit des Endes" (Mt 24,15).

Russel erkannte als „Greuel der Verwüstung" das Papsttum:

> „Hier hat das Papsttum durch Einsetzung der Messe die Fortführung des Opferdienstes angeordnet und mithin die Christenheit veranlaßt, das Versöhnungsopfer Christi zu verwerfen, das wird zur Vernichtung der Namenschristenheit führen ... Zu diesem Greuel sind überdies in neuerer Zeit noch weitere gekommen, wie zum Beispiel die Lehre von der Versöhnung aus eigener Kraft." (Schrst. Bd. 4, S. 292.)

Wenn man schon nach einer Deutung des „Greuels der Verwüstung" sucht, so hat Russel noch die annehmbarste dargelegt. Denn Christus spricht vom „Greuel der Verwüstung" an der heiligen Stätte, womit er die Tempelstätte Jerusalems meinte, in welcher der Opferdienst stattfand. Und in Dan 11,31 heißt es ebenfalls, daß durch den „Greuel der Verwüstung" das beständige Opfer im Heiligtum abgeschafft wird. Die Auslegung Russels klingt auf jeden Fall glaubhafter als die politische Deutung, die seine Nachfolger geben — obwohl Russel genauso geirrt hat wie seine Nachfolger, die ihn übrigens widerlegen.

Rutherford deutet den „Greuel der Verwüstung" auf politische Weise. Nach seiner „unumstößlichen" Erkenntnis stellten der „Haager Weltgerichtshof" und der „Völkerbund" nach dem ersten Weltkrieg diesen Greuel dar. (Licht, Bd. 2, S. 91—94.)

Der zweite Weltkrieg paßte aber nicht in dieses Bild. Knorr erkannte, daß Rutherfords Auslegung durch die Geschichte widerlegt war. So verkündete er im Buche „Gott bleibt wahrhaftig" als „Greuel der Verwüstung" den Völkerbund und die Vereinten Nationen (UNO). Die Erklärung Rutherfords wurde ein wenig zurechtgerückt, und so stimmte alles wieder. (Gott bleibt wahrhaftig, S. 271–272, 1946.)

Rückblick und Ausblick

Ich habe genau untersucht, was Jehovas Zeugen über die Zeit des Weltendes verkünden. Ich stelle fest: die Bibel will von Berechnungen des Weltendes nichts wissen. Russel wurde von der Geschichte, von den heutigen Zeugen und von diesem Buche der falschen Prophetie über die Zeit des Endes überführt. Rutherford bluffte die Welt und seine Anhänger mit seinen 51 millionenmal vervielfältigten Verkündigungen falscher Zeichen der Endzeit.

1914 erlebten die Zeugen oder Russeliten ein großes Fiasko, ebenfalls 1925. Rutherford erwies sich als widerspruchsvoller Kalenderrevisor und falscher Prophet.

Die Endzeitberechnung von 1914 ist in der Wurzel verfälscht. Präsident Knorr hat die Geschichte der Zeugen eigenmächtig geändert. 1914 ist nicht, wie er meinte, die „bedeutende", sondern eine haltlose Jahreszahl! Die „biblischen" Begleitumstände des Jahres 1914 sind ebenfalls anfechtbar. Und zudem hätten sie entsprechend der Brooklyner Zeitrechnung schon um 1878 eintreffen müssen. Rutherford hatte die Juden irregeführt (206 Abgeordnete für 206 Knochen und Gebeine des menschlichen Körpers!). Knorr unterstellte die falschen Vorstellungen über die Juden „einigen jüdischen Führern". Er entlarvte Rutherford als Satansdiener. Die Endzeiterfüllungen des Gog und Magog, des Königs des Nordens und des Königs des Südens, des „Greuels der Verwüstung" und anderer

Prophezeiungen wurden immer wieder anders dargestellt. Durch die Gnade des Herrn?

Kann man jetzt noch sagen, daß das Licht der göttlichen Offenbarung in der Wachtturm-Gesellschaft und durch sie immer heller aufleuchtet? Hier wird nichts heller, hier herrscht Verwirrung und Irrtum, hier wird es um die Wahrheit immer finsterer.

Die Entscheidung über das, was Jehovas Zeugen jeweils zu glauben und zu verkündigen haben, fällt Mr. Knorr mit seinem Direktorium in Brooklyn. Sie sind die „Leitende Körperschaft" der Zeugen Jehovas. Der Wachtturm bringt alle 14 Tage die vom Brooklyner Direktorium neu erdachten oder entdeckten Wahrheiten der Hl. Schrift.

Warum muß diese „rein biblische Wahrheit" der Führer der Zeugen ständig berichtigt werden, wie uns das Studium der Zeit des Endes bewiesen hat? Warum muß Mr. Knorr fortwährend „irrige Gedanken aus der Botschaft ausscheiden"? Weil in Wirklichkeit der unfehlbare, allwissende Gott nicht hinter den Führern der Zeugen steht! Treffend passen daher die Worte des Propheten Jeremias auf die Fürsten der Zeugen Jehovas oder der „Neuen-Welt-Gesellschaft" und ihre Endzeitverkündigung: „Ich habe diese Propheten nicht gesandt, doch sind sie gelaufen; ich habe nicht zu ihnen geredet, und doch haben sie geweissagt!" (Jeremias 23,21.)

Merkwürdige Staatsbürger

Nach meinen wochenlangen quälenden Studien ist von der „alleinigen Wahrheit" der Zeugen nichts mehr geblieben. Ihre Grundlehren haben sich mir als unbiblisch erwiesen. Der Bann der Irrlehren war in mir gebrochen Vom Joche der Wachtturmsklaverei war ich befreit.

Jetzt kam mir so recht zum Bewußtsein, welch unvernünftigem und unmenschlichem Lehrsystem ich zum Opfer gefallen war. Nicht nur ein falsches „Evangelium" beeinflußte mein ganzes Denken und Handeln. Mein Leben war vor allem auch von einer merkwürdigen staatsbürgerlichen Einstellung bestimmt, welche nach Meinung der Wachtturmführer jeden treuen Diener Jehovas auszeichnen soll. Die unpolitische, weltfeindliche und doch hochpolitische Haltung sei im folgenden kritisch beleuchtet.

Der Staat — ein Feind Gottes

Unter dem Thema „Verbindung zwischen Kirche und Staat bedeutet Krieg mit Gott" befassen sich die Führer der Zeugen mit kirchlichen Problemen Norwegens.

Ob nun das Haupt eines Staates gleichzeitig das Haupt der Kirche ist, ob die Geistlichen ihre Gehälter vom Staat beziehen, oder ob in diesen Dingen eine Trennung zwischen Kirche und Staat besteht und die Geistlichen und Kirchenmitglieder dem Staat und seinen Führern und Parteien lediglich ihre Stimme bei Wahlen geben, im Interesse von Ordnung, Gesetzgebung, Verwaltung, sozialem Fortschritt usw. — für Jehovas Zeugen sind solche Beziehungen unbedingt zu verwerfen. „Liebet nicht die Welt, noch was in der Welt ist!" (1 Joh 2,15.)

Diese Worte legen die Zeugen folgendermaßen aus:

> „Und man irre sich nicht, ‚Welt' bedeutet hier nicht ‚der Abschaum der Menschheit', sondern ‚dieses System der Dinge', einschließlich Könige, Präsidenten, Parlamente und alle anderen staatlichen Einrichtungen." (Erwachet v. 8. Februar 1956, S. 15, deutsch.)

Freundschaftliche Beziehungen der Christen zum Staat und zu seinen Organen und Einrichtungen sind für Jehovas Zeugen eine „unsaubere Handlungsweise", geistige „Hurerei, Ehebruch". Wer solche Beziehungen pflegt, macht sich zum Feind Gottes und wird mitsamt „diesem System der Dinge", also aller jetzt bestehenden staatlichen Ordnung und Organisation, bei Harmagedon vernichtet.

Leben nicht Tausende von Zeugen Jehovas auf Grund staatlicher Unterstützung und Rente? Lieben Jehovas Zeugen nicht auch Recht, Gesetz, Ordnung im Lande? Und ist es nicht der Staat, der verantwortlich ist, diese aufrechtzuerhalten? Ja, rühmen sie sich nicht in den USA und Kanada für die Freiheiten der dortigen Staatsbürger bis vor die obersten Gerichte gegangen zu sein und dort siegreich staatsbürgerliche Rechte vertreten zu haben?

Wie können sie also Feindschaft zum Staate predigen? Sie haben ihre eigenen Vorstellungen vom Staatswesen. So aber, wie sie sich ihr Verhältnis zum Staat vorstellen, geht es auf keinen Fall. Der Staat steht grundsätzlich im Interesse der Lebensnotwendigkeiten. Staatsgewalt und Staat entsprechen der menschlichen Natur, ihrem sozialen Wesen.

Mr. Knorr und Mitarbeiter lassen durch den Wachtturm erklären:

> „Jehovas Zeugen schaden niemandem... Sie erfüllen ihre richtigen Pflichten als Bürger des Landes, in dem sie leben." (Wachtturm 1957, Seite 251, deutsch.)

Ein lobenswerter Grundsatz. Doch wie sieht es mit diesem Grundsatz in der staatsbürgerlichen Praxis der Zeugen aus?

Jehovas Zeugen und der Wehrdienst

Völlig im Einklang mit der oben zitierten Wachtturm- erklärung ließ die „Vereinigung der Zeugen Jehovas der Schweiz", als das Geschehen im zweiten Weltkrieg die Verteidigung ihrer Schweizer Heimat zwingend erschei-

nen ließ, folgende Verlautbarung in der Zeitschrift „Trost"
(jetzt Erwachet) abdrucken:

„ERKLÄRUNG

Jeder Krieg bringt namenloses Leid über die Menschheit. Jeder Krieg bringt Tausende, ja Millionen Menschen in schwere Gewissensnot. Das gilt besonders auch vom jetzigen Krieg, der keinen Erdteil verschont und in der Luft, zu Wasser und zu Lande ausgetragen wird. Es ist unvermeidlich, daß in solchen Zeiten nicht nur einzelne Menschen, sondern auch Gemeinschaften aller Art ungewollt verkannt oder auch bewußt falsch verdächtigt werden.

Auch uns Zeugen Jehovas ist dieses Schicksal nicht erspart geblieben. Wir werden als eine Vereinigung hingestellt, die bezwecke oder deren Tätigkeit darauf gerichtet sei, die ‚militärische Disziplin zu untergraben, insbesondere Dienstpflichtige zum Ungehorsam gegen militärische Befehle, zur Dienstverletzung, zur Dienstverweigerung oder zum Ausreißen zu bewegen oder zu verleiten'.

Eine solche Auffassung kann nur vertreten, wer Geist und Wirken unserer Gemeinschaft völlig verkennt oder sie wider besseres Wissen böswillig entstellt.

Wir stellen ausdrücklich fest, daß unsere Vereinigung weder gebietet noch empfiehlt, noch sonst in irgendeiner Weise nahelegt, gegen militärische Vorschriften zu handeln. Derartige Fragen werden weder in unseren Versammlungen noch in den von der Vereinigung herausgegebenen Schriften behandelt. Wir beschäftigen uns überhaupt nicht mit solchen Fragen. Wir erblicken unsere Aufgabe darin, für Jehova Zeugnis abzulegen und allen Menschen die biblische Wahrheit zu verkünden. Hunderte unserer Mitglieder und Glaubensfreunde haben ihre militärischen Pflichten erfüllt und erfüllen sie weiterhin.

Wir haben uns nie angemaßt und werden uns auch nie anmaßen, in dieser militärischen Pflichterfüllung eine Zuwiderhandlung gegen die Grundsätze und Bestrebungen der Vereinigung Jehovas Zeugen, wie sie in den Statuten niedergelegt sind, zu erblicken. Wir bitten alle unsere Mitglieder und Glaubensfreunde, bei der Verkündigung der Botschaft vom Königreiche Gottes (Matth. 24,14) sich nach wie vor streng auf die Verkündigung der biblischen Wahrheiten zu beschränken und alles zu vermeiden, was Anlaß zu Mißverständnissen geben oder gar als Aufforderung zum Ungehorsam gegen militärische Vorschriften mißdeutet werden könnte.

Bern, den 15. September 1943

      Vereinigung Jehovas Zeugen der Schweiz
      Der Präsident: Ad. Gammenthaler
      Der Sekretär: D. Wiedemann."

(Aus „Trost", Bd. XXI, Nr. 505, Bern, 1. Okt. 1943.)

Ich möchte fragen, was haben sich die damaligen Zeugen Jehovas der Schweiz gedacht, als sie diese Erklärung lasen? Was werden die Zeugen heute denken, die diese Erklärung hier lesen?

Man könnte fragen, was soll diese Erklärung hier? Sie ist doch ganz in Ordnung! Diese Erklärung und die Wachtturm-Worte des Mr. Knorr stimmen doch überein und geziemen sich für einen loyalen Staatsbürger!

Wenn es nur so einfach wäre! Dazwischen und daneben stehen viele andere Aussagen der Wachtturm-Gesellschaft, die obigen Zitaten völlig widersprechen.

Um 1943 starben in Deutschland und anderen von Hitlers Schergen besetzten Ländern Hunderte von Zeugen Jehovas unter den Hinrichtungskommandos der SS wegen Militärdienstverweigerung. In den USA wurden Zeugen zu Freiheitsstrafen verurteilt, als sie sich weigerten, ihre Heimat mit der Waffe zu verteidigen oder überhaupt einen Militärdienst zu verrichten.

In der Schweiz aber ließ Jehova durch seine sichtbaren Vertreter eine Loyalitätserklärung zum Militärdienst geben!

Nahmen die Schweizer Brüder die Wachtturmaussagen betr. Kriegsdienst als biblischen Irrtum an? Oder waren die anderen, die für die Wachtturmlehre starben oder in Gefängnissen schmachteten, im Recht und die Schweizer im Irrtum?

Wie dem auch sei, hier zeigt sich in der von Jehova durch seine Organisation geleiteten Gesellschaft eine sehr unterschiedliche Bürgerpflichtauffassung.

Es ist heute hinlänglich bekannt, daß Jehovas Zeugen strikt jeden Militärdienst ablehnen. Der „Wachtturm" vom 15. März 1951 unter dem Titel „Warum Jehovas Zeugen keine Pazifisten sind" enthält unter anderem folgende Bemerkung:

> „Jehovas Zeugen ahmen Jesus nach und gehorchen seinen Anweisungen. Das ist der Grund, weshalb sie sich nicht weltlichen Armeen angeschlossen und an den Kriegsbestrebungen der Nationen irgendwie teilgenommen haben." (Abs. 15, S. 86.)

Einmal steht dieser Ausspruch gegen die Erklärung von 1943 und dann auch gegen Mr. Knorrs Treuebekenntnis als Staatsbürger. Dann läßt er noch andere Möglichkeiten offen. „Der Grund, weshalb sie sich nicht weltlichen Armeen angeschlossen" haben, läßt die Vermutung zu, daß wenn nicht „weltlichen" so doch offenbar anderen Armeen? Ja, so ist es, sie haben sich der Armee des „Königs der Neuen Welt" Jesus Christus angeschlossen und sind seine Soldaten, wie Mr. Knorr bei einem Kongreß im Yankee-Stadion sagte. Jehovas Zeugen lehnen jeden militärischen Dienst ab, selbst den Ersatzdienst, weil sie Soldaten oder Gesandte des Königs der Neuen Welt sind. Unter seinem Eid stehend, können sie keinen Eid auf eine andere Fahne leisten. Als Soldaten Christi kämpfen sie mit „geistigen Waffen" an der vordersten Front und führen einen fortwährenden Krieg gegen ihre satanische Umwelt. Darum sind sie auch keine Pazifisten.

Allerdings verteidigen sie sich vor den Gerichten mit anderen Motivierungen, die den Gesetzen des jeweiligen Landes angepaßt sind. So haben sie in einigen Bundesstaaten der USA für einige ihrer Diener die Anerkennung als den Geistlichen gleichstehend erhalten und es in langwierigen Prozessen erreicht, daß diese Anerkannten auch in Militärdienstfragen wie Geistliche behandelt und so vom Dienst mit der Waffe freigestellt wurden. Was dort praktiziert wurde, sollte auch in anderen Ländern möglich sein; deshalb erhebt man in allen Ländern der Erde gleichmotivierte Einwände gegen die Beteiligung am Wehrdienst. Warum ist man da nicht offen und hält nur so nebenbei an der „Neuen-Welt-Bürgerschaft" und dem damit verbundenen Eid auf den angeblichen König der Wachtturm-Gesellschaft und der Zeugen Jehovas, Jesus Christus, fest und bekennt sich klar dazu? Weil eben die Landesgesetze der „satanischen" Regierungen bequemer zu sein scheinen.

Daß die Lehre der Wachtturm-Gesellschaft in sich selbst voller Widersprüche ist, liegt klar auf der Hand, und die Erkenntnisse, die durch den Wachtturm vermittelt werden, sind keineswegs biblisch und von Gott überwaltet, denn Mr. Rutherford schrieb im Wachtturm 1936 (Nr. 20, Abs. 10):

> „Wenn ‚Der Wachtturm' irgend etwas bringt, das von der Heiligen Schrift nicht unterstützt wird, achtet nicht darauf! ‚Der Wachtturm' ist aber allezeit bereit, alles mit dem Worte Gottes zu beweisen." (Aus „Trost" Nr. 505, 1. Oktober 1943, S. 16.)

Die Betonung dürfte hier richtig auf dem Worte a l l e s liegen. Der ‚Wachtturm' ist bereit, a l l e s mit der Bibel zu beweisen. Was dabei herauskommt, habe ich und haben wir alle bisher gesehen. A l l e s und n i c h t s haben die Zeugenführer bewiesen; n i c h t s , eben weil sie a l l e s beweisen wollten; denn dadurch sind sie dem fortwährenden Irrtum zum Opfer gefallen.

Ich brauchte hier nicht erst Mr. Rutherfords nochmalige Bestätigung für die Möglichkeit des Irrtums durch den Wachtturm, die hat diese Zeitschrift selbst mehr als genug gegeben; aber es ist doch interessant, die Meinung der WT-Führung über ihre „göttliche" Wahrheit selbst zu hören.

Sollen wir uns da noch wundern, daß bei den Zeugen aber auch in gar keiner Lehre eine klare Vorstellung herrscht? Wenn Jesus Christus und die Apostel mit den Herrschern ihrer Zeit nicht einiggehen konnten, dann sagten sie klar und unmißverständlich, daß sie bereit sind, die Folgen zu tragen, und suchten keine Hintertreppe, auf der sie entschlüpfen oder ihre Lehre den veränderten Umständen anpassen konnten.

Aber Rutherford kann ja mit der Bibel a l l e s beweisen, und das haben sicher auch die Schweizer Gammenthaler und Wiedemann bedacht. Vielleicht sind Gammenthaler und Wiedemann keine Zeugen mehr oder haben „bereut"; denn für Brooklyn muß diese Erklärung mehr als peinlich sein. Bestehen bleibt aber die Bibel, die die Zeugen, wie schon Rutherford, als Fiedel benutzen. Wie mißtönig klingt ihre Weise! Gerade in politischer Hinsicht.

Brooklyn-Politik!

Im Jahre 1956 erschien das Buch eines amerikanischen Reporters, namens Marley Cole, mit dem Titel „Jehovas Zeugen". Dieses Buch wurde von der Wachtturm-Gesellschaft selbst unter ihren Anhängern propagiert und verkauft. In fast allen Versammlungen der Zeugen in der Bundesrepublik Deutschland lag oder liegt es noch auf.

Cole bekam von der Wachtturm-Gesellschaft eine seltene Gelegenheit, in die Lehren und in die Organisation und ihre Geschichte Einblick zu nehmen, um darüber als Außenstehender zu schreiben. Augenscheinlich aber ver folgt die Wachtturm-Gesellschaft damit einen bestimmten propagandistischen Zweck unter ihren Anhängern. In diesem Buche lassen sich die Führer der Zeugen auf Seite 135 folgendes bescheinigen:

„. . . Christus Jesus ‚züchtigt die Völker mit einem eisernen Stab' bis zu ihrer gänzlichen Vernichtung in Harmagedon. Das ist ihre Ansicht. Es ist die heikelste Streitfrage der Welt. Nationalismus, Patriotismus und Neutralität sind darin inbegriffen. Jehovas Zeugen sind mitten darin gelandet."

Cole spricht nur das aus, was nicht nur ich, sondern viele andere unter den Zeugen unklar oder undeutlich, aber unangenehm empfinden: Politische Verwicklungen! Ich will mich nicht in Vorzimmerpolitik einiger Diener verlieren, obwohl auch das sehr aufschlußreich wäre, sondern in der Hauptsache will ich die Politik in den Blickpunkt rücken, die von Brooklyn aus betrieben wird. Denn es ist höchste Zeit für jeden verantwortungsbewußten Menschen unter den Zeugen, diese Politik zu durchschauen.

Gott in der Politik

Im Wachtturm vom 15. Juli 1952 empören sich die Wachtturmschreiber in Brooklyn über den ehemaligen amerikanischen Präsidenten Truman. Sie klagen ihn gewissermaßen an:

„Wenn wir uns den Vereinigten Staaten zuwenden, kann niemand das Volk anklagen, es denke, Präsident Truman oder seine politischen Verbündeten seien Götter. Statt dessen sprechen Truman und seine politischen Genossen stets vom Beten um Gottes Hilfe, um ihn auf ihre Seite zu bekommen. Doch wie könnte dies gelingen? Gott sagt, daß sein Königreich nicht von dieser Welt sei, daß Satan der Gott dieser Welt ist, daß die ganze Welt in der Umklammerung dieses Bösen liege, und daß ein Freund der Welt der Feind Gottes sei. Wird Gott etwa durch Gebet ein Freund der Welt und sein eigener Feind? (Joh 13,36; 2 Kor 4,4; Jak 4,3; 1 Joh 5,19)

Wie können also Truman und seine Genossen Gott in ihre Politik hineinlocken?" (Wachtturm 1952, S. 222, deutsch)

Dieses Zitat bestätigt, was uns als Zeugen immer gelehrt wurde, eine Verquickung von Politik und Gott oder Gottes Wort der Bibel als gottfeindlich zurückzuweisen. Wie kann Truman versuchen, in seine Politik Gott und die Bibel hineinzubringen! Welche Gotteslästerung!

Aber mir fällt ein, vor wenigen Monaten ehe der Wachtturm so schrieb, hatte ich in „Erwachet" ganz andere Ansichten lesen müssen! Hatte nicht „Erwachet" gefordert, daß Staatsmänner sich mehr an die Bibel halten sollten? „Das Buch, das Antwort gibt auf Lebensfragen", „Dein Wort ist Leuchte meinem Fuße und Licht für meinen Pfad". „Dieser Artikel wird Ihnen helfen, die Vielseitigkeit des Wortes Gottes als Licht auf unserem Pfad im 20. Jahrhundert zu würdigen."

Das ist die Überschrift und der Leitvers des Artikels. Unter dem Untertitel „Rechtspflege, Politik und Geschäft" heißt es:

„Die Bibel behandelt auch Fragen in Verbindung mit der Staatskunst, wie z. B. was von einem Herrscher gefordert wird. Sie zeigt, daß ein Regent sich nicht Reichtum anhäufen oder viele Frauen nehmen sollte, daß er täglich im Worte Gottes lesen sollte, damit er sich nicht überhebe und vermessen vom geraden Weg der Gerechtigkeit abweiche. Die anderen Staatsbeamten sollten ‚tüchtige, gottesfürchtige Männer sein, Männer der Wahrheit, die den unrechten Gewinn hassen'. Wie wenige Politiker von heute entsprechen diesen Anforderungen." 5 Moses 17,15—20; 2 Moses 18,21.

(„Erwachet" v. 8. 4. 1956, deutsch, S. 5)

Die „Erwachet"-Schreiber bedauern, daß so wenig Politiker mit der Bibel und dem Worte Gottes regieren! Sie empfehlen das Wort Gottes für die Staatskunst oder Politik im 20. Jahrhundert!

Die Wachtturm-Führer fragen, wie Truman und seine Genossen Gott in ihre Politik hineinlocken können.

Ich frage, wie kommen die Brooklynführer der WTG dazu, das Wort Gottes in die Politik dieser Welt des 20. Jahrhunderts hineinzubringen? Die Zeugenführer lehrten uns, daß diese Welt sich nicht verbessern könnte, in fast jedem Artikel des „Erwachet" sprechen sie davon, daß Gott die einzige Rettung bedeutet und alle menschlichen Verbesserungsbestrebungen nichts bessern können.

Ist das kein zwiespältiges Verhalten in politischen Fragen?

Staatsmänner geschmäht und lächerlich gemacht

Schmähung, Spott und Hohn sind Waffen, mit denen zu kämpfen Jehovas Zeugen von ihren Fürsten gelehrt werden. Im von Brooklyn ausgehenden Evangelium finden sog. Spottlieder besonderen Anklang. Am 15. Dezember 1949 erschien eine besondere Wachtturm-Ausgabe mit dem Thema „Das Spottlied gegen Satan, den Teufel".

In unbekümmert-verantwortungsloser Weise wird im Wachtturm über verantwortungsbewußte Staatsmänner der Spott ausgegossen:

„... Wie der Präsident sagte (gemeint ist Truman; d. Verf.), ist das Volk frei, das zu tun, was es in der Wahl menschlicher Führer und Parteien und Programme, denen es folgen will, tun möchte.

Aber die Menschen tun gut daran, zu denken daß es dasselbe ist, ob man mächtigen Männern oder ihren Versprechungen in irgendeiner politischen Partei oder einem von Sünden verdorbenen und sterbenden Geschöpf nachfolgt. Genausowenig wie ein blinder Mann etwas in der Führung eines anderen tun kann, können sie von sich aus eine in Sünde geborene Welt in die göttliche Gunst zurückbringen ...

132

Ist es denn nicht äußerst töricht, ein gefallenes Geschöpf in eine Staatsrobe zu kleiden, es über alle seine Mitsünder zu erheben, es mit Lob zu überschütten, mit einem mächtigen Heer zu umgeben und dann zu erwarten, daß es in der Lage sei, seine Kameraden zu befreien?

Wie abgeschmackt und kindisch ist es doch, zu denken, irgendeine politische Partei sei ,die Rettung dieses Landes' oder die Rettung irgendeines anderen Landes. Wie können die ,Götter' dieser Welt, die sichtbaren oder unsichtbaren, irgend jemand oder irgend etwas retten, wenn sie nicht einmal in der Lage sind, sich selbst in Harmagedon zu retten ...?"

(Wachtturm 1953, deutsch, S. 36)

Zu diesem Schmähartikel seien einige Fragen gestellt, die seinen Unsinn bloßstellen und Einsichtige unter den Zeugen zum selbständigen Nachdenken anregen sollen.

Ist der eigentliche Sinn des sozialen Programms einer Partei, eine in Sünde geborene Welt in göttliche Gunst zurückzubringen oder ist es nicht vielmehr der, die wirtschaftlichen und sozialen Lebensinteressen der Allgemeinheit oder bestimmter Bevölkerungsgruppen wahrzunehmen?

Und muß das nicht irgendwie geschehen?

Sollte man keinen Menschen mehr in eine Staatsrobe kleiden? Wer sollte dann aber Gesetzgebung, Ordnung, Handel und Wandel unter den Menschen regeln?

Wollen die Zeugen Anarchie? Sicherlich nicht! Warum dann aber keinen Staatsmann mehr? Ist das nicht unsinnig? Warum verspotten sie es als töricht, von dem Heer eines Staatsmannes oder Volkes zu erwarten, aus ungerechter Zwangshaft befreit zu werden? Waren sie nicht selbst dankbar, als sie in Deutschland von den Heeren der Westalliierten und der Sowjetarmee von der Naziherrschaft befreit wurden? Sind nicht durch den schnellen

Vormarsch der Antihitlerheere Tausende vor endgültiger Vernichtung in Konzentrationslagern errettet worden?

Die Wachtturm-Missionarin Joan Espley, die im Brooklyner Auftrag in Hongkong arbeitet, straft mit ihrem Bericht über ihre Erlebnisse während gewalttätiger Unruhen in Hongkong dieses politische Spottlied und diese Schmähverse Lügen, wenn sie berichtet:

> „... Der Pöbel versperrte uns den Weg, so daß wir nicht weiterfahren konnten, und gröhlte: ‚Tötet sie! Tötet sie!' Dann hörte ich zwei Schüsse ... ich ahnte nicht, daß die Polizei gerade, als die Gefahr am größten war, auf der anderen Straßenseite erschien. Sie hatte die Schüsse abgefeuert ... Zwei Polizisten traten herzu und schoben uns aus der Rauchwolke heraus. Dann sah ich etwa 50 Polizisten, die mit ihren Schildern eine starke Mauer bildeten, vorrücken. Noch nie in meinem Leben war ich so froh, Polizisten zu sehen, wie in diesem Augenblick! ... Auf der Polizeiwache. — Ich konnte nirgendanders hingehen und verbrachte daher — von einer Dankbarkeit erfüllt, die sich in Worten gar nicht ausdrücken läßt, weil ich in Sicherheit war — die ganze Nacht im Wachlokal ..."

(„Erwachet" v. 8. März 1957, deutsch, S. 10/11)

Eine Wachtturm-Missionarin war dankbar, daß sie durch die Staatsmacht vor dem Tode errettet wurde! Die Wachtturm-Führer aber spotten über Befreiung oder Errettung durch Menschenhand!

Für die Vereinten Nationen

Der britische Hochkommissar für den westlichen Pazifik, John Gutch, hat am 23. März 1956 eine öffentliche Bekanntmachung erlassen, worin die Einfuhr der Schriften der Watch Tower Bible and Tract Society (Wachtturm-Gesellschaft) in das britische Protektorat der Salomon-Inseln untersagt wird. Sozusagen alle neueren Schriften der Gesellschaft erschienen auf dieser Verbotsliste, einschließlich „Wachtturm" und „Erwachet".

Der Hochkommissar stützte das Verbot der Literatur der Zeugen Jehovas auf den Paragraphen 8 der Vorschrift gegen Aufruhr, welcher lautet:

> „Wenn der Hochkommissar der Meinung ist, daß die Einfuhr irgendeiner Publikation den öffentlichen Interessen widerspreche, kann er nach seinem absolut freien Ermessen durch öffentliche Bekanntgabe die Einfuhr solcher Schriften verbieten."

(Wachtturm v. 1. März 1957, deutsch, S. 132)

Wie reagierten die Fürsten in Brooklyn auf das Verbot des Hochkommissars? Sie rufen nach den Menschenrechten nach der Satzung der Vereinten Nationen — und mit welch rührendem Appell:

> „Einem einheimischen Bewohner der Salomon-Inseln wurden die Wachtturm-Studienbücher beschlagnahmt. Vor Gericht zitiert, wurde ihm auch eine Buße auferlegt. Dieser Mensch guten Willens empfand den erlittenen Verlust tief. Er schrieb an das australische Zweigbüro der Gesellschaft und bat um geistigen Beistand. Im gebrochenen Englisch fügte er bei: ‚Ich wünsche diesen großen Segen. Viele Leute hier hungern nach Jehovas Zeugen, weil interessiert für die richtige Erkenntnis des alleinwahren Gottes.' Es schmerzt, wenn Beamte in eine so gewissenhafte Gottesverehrung eingreifen.

> Schreiende Verletzung grundlegender Freiheiten erregen nicht nur die Gefühle der Menschen bis ins Tiefste, sie veranlassen auch zu ernstem Nachdenken ... Kann jemand sagen, es (das Verbot der Literatur der Zeugen, d. Verf.) sei im Einklang mit der Satzung der Vereinten Nationen, die von Menschenrechten und grundlegenden Freiheiten sprechen, deren sich alle Menschen erfreuen sollten ...? Merkt der Hochkommissar, daß

die Salomoninseln außerhalb des Bereiches der ‚freien Nationen' liegen, und fühlt er sich deshalb moralisch nicht verpflichtet, die Freiheit zu bewahren? Ist dieses Gebiet nur dem Namen nach ein Protektorat...?

Bestimmt hat dies nichts mit der Sicherheit der Salomoninseln zu tun, noch kann der Umstand, daß jemand biblische Hilfsmittel der Watch Tower Society empfängt und studiert, als etwas den öffentlichen Interessen Zuwiderlaufendes angesehen werden."

(Wachtturm v. 1. März 1956, deutsch, S. 132)

Jetzt auf einmal brauchen die Fürsten in Brooklyn die Männer in Staatsrobe! Jetzt sollen sie sich für Jehovas Zeugen einsetzen! Jetzt sollen sie die Satzung der Vereinten Nationen auf den Salomoninseln anwenden! Der britische Hochkommissar hatte wohl davon Kenntnis, daß in den Wachtturm-Schriften die Staatsmänner geschmäht, daß sie verspottet werden! Daß die Brooklyner mit altbiblischen Richtlinien auf die Politik Einfluß nehmen wollen! Daß die Zeugen mitten in der Politik gelandet sind! Und sicherlich hat er noch mehr in den Schriften der Zeugen gefunden, was den öffentlichen Interessen zuwider ist!

Gegen die Vereinten Nationen

Am 26. Juli 1953 sprach Nathan Homer Knorr, der Weltpräsident und oberste irdische Fürst der Zeugen Jehovas vor rund 165 000 Anhängern der Zeugen Jehovas in New York im Yankee-Stadion.

Nach Harmagedon — Gottes neue Welt! So hieß sein Thema. In scharfen Worten rechnete er mit den Vereinten Nationen ab:

„Das Jahr 1953 war das Jahr der großen Friedensoffensive des kommunistischen Rußlands. Dieser entsprechend faßte die Generalversammlung der Vereinten Nationen am 8. April 1953 eine Resolution über Abrüstung, ‚um den Krieg zu verhindern und die menschlichen und wirtschaftlichen Hilfsquellen der Welt für Friedenszwecke freizugeben'.

Wenn diese Welt so friedliche Absichten, so erhabene Beweggründe hat, weshalb sollte dann Harmagedon oder überhaupt ein dritter Weltkrieg kommen ...?

Wenn die Vereinten Nationen den Versuch machen, die messianische Rolle zu spielen, also das zu tun, was nur Gottes Messias und König tun kann, so offenbart dies deutlich ihre Weigerung, sich dem höchsten Vorhaben Gottes zu unterziehen ...

Die Geistlichkeit und die Mitgliedstaaten der Vereinten Nationen schlagen vor, daß letztere die Herrschaft über die ganze Erde ausüben sollten.

Dieser Vorschlag ist das Darbieten eines heuchlerischen, von Menschen geschaffenen Ersatzes für Gottes eigene, vollkommen-rechtmäßige Regierung ... Die Gegenwart ist nicht die Zeit für einen minderwertigen, trügerischen, unwirksamen Ersatz ...

Von Furcht inspirierte Menschen weisen warnend darauf hin, daß der dritte Weltkrieg unvermeidlich sein wird, wenn man ein Versagen der Vereinten Nationen zulasse; die zuverlässige Wahrheit aber ist, daß Harmagedon gerade aus dem Grunde unvermeidlich ist, weil man die Vereinten Nationen nicht aufgibt und sie nicht zum alten Eisen wirft ..."

(Aus der Broschüre „Nach Harmagedon — Gottes neue Welt", deutsch, 1954)

Mr. Knorr muß vollkommen die Übersicht verloren haben! Auf den Salomoninseln läßt er durch den Wachtturm die Anwendung der Satzung der Vereinten Nationen für die Gegenwart fordern, und im Yankee-Stadion erklärt er der Öffentlichkeit und den Staatsmännern, daß die Gegenwart nicht die Zeit ist für die Vereinten Nationen, daß diese ein heuchlerischer Ersatz sind und zum alten Eisen geworfen werden sollten! Andernfalls sei Harmagedon unvermeidlich!

Gegen Demokratie und Wahlen

Unter der Leitung von Brooklyn führen die Zeugen einen erbitterten Kampf gegen die Teilnahme am öffentlichen, politischen und sozialen Geschehen. Ihr Evangelium für politisches Verhalten und Handeln sieht so aus:

„Wie wahre Christen die Politik ansehen.

Doch warum sollten wahre Christen die Politik meiden, wenn sie doch anscheinend viel tun könnten, um die Welt zu verbessern? Laut der Bibel geht die Antwort dahin, daß wahre Christen weder die Demokratie, den Sozialismus, Kommunismus, noch irgendeine andere menschliche Regierungsform als Heilmittel für die Weltbedrängnis befürworten oder predigen . . .

Aus Gewissensgründen stehen sie davon ab, an der Politik dieser Welt teilzunehmen, ja selbst an Wahlen. Sie wissen, daß die politische Beteiligung nicht nur zu nichts führen würde, sondern ihnen sogar Gottes Mißbilligung eintrüge . . .

Sie wissen, daß Gottes Königreich dazu bestimmt ist, alle politischen Herrschaften zu vernichten, und daß jene, die Politik treiben, Feinde Gottes sind und dadurch zur Vernichtung in Betracht kommen . . .

Wahre Christen zeigen also, daß sie Nachfolger Christi sind, indem sie nicht versuchen, diese Welt zusammenzuflicken oder sie durch Politik zu verbessern . . .

Ungeachtet wie viele Stimmen für die Herrscher dieses bösen Systems der Dinge abgegeben werden, ist es zum Untergang verurteilt. Kein noch so großer politischer Feldzug, keine Zahl der Namenchristen, die sich mit Politik befassen, und keines der vielen Gebete für diese Welt, die Geistliche oder Politiker sprechen mögen, wird sie vor der sicheren Vernichtung bewahren." (Wachtturm v. 1. Januar 1957, deutsch, S. 5—8.)

Jehovas Zeugen mögen abstreiten, daß sie auf diese Weise ihre Mitmenschen von der Teilnahme an Demokratie und

Wahlen abhalten. Sie mögen vorbringen, daß sie es jedem Menschen selbst überlassen, wie er handeln will. Ein Ablenkungsmanöver!

Tatsache ist doch, daß ihr Evangelium nicht nur für sie selbst bestimmt ist, sondern daß sie den Auftrag haben, möglichst viele Menschen dafür zu gewinnen, sie in diesem Sinn zu erziehen. Sie nennen ihre Tätigkeit ja „Erziehungswerk".

Wollen die Zeugenführer abstreiten, daß durch diese Wachtturmlehren nicht auch Andersgläubige beeinflußt werden, nach den Wachtturm-Richtlinien zu handeln? Ich selbst habe politische Fragen, die an mich in meinem Predigtdienst gerichtet wurden, im Sinne des Wachtturms beantwortet und erlebt, daß sich daraufhin die Fragesteller von der Wahl ferngehalten haben. Das waren nicht nur Einzelfälle, wir beeinflußten politisch labile Menschen, die in den seltensten Fällen Zeugen Jehovas wurden, zur negativen Einstellung zum Staat. In diesem Zusammenhang sei an den Appell der Ostzonenregierung gegen die Atombombe erinnert, bei dem unsere Ablehnung groß herausgestellt und für viele, sehr viele Beispiel wurde. In diesem Falle zwar zu begrüßen, aber es kann auch ins Gegenteil ausschlagen.

Es bleibt also dabei:

Politik meiden! Keine menschliche Regierung befürworten, weder Demokratie noch Monarchie, noch Diktatur! Keine politische Partei unterstützen! Politische Beteiligung bringt Gottes Mißbilligung ein! Wer Politik treibt, ist ein Feind Gottes! Nicht versuchen, die Lebensverhältnisse zu verbessern! Wer das nicht beachtet, wird vernichtet! In diesem Sinne erziehen die Zeugen ihre Mitmenschen. Und das soll den öffentlichen Interessen nicht zuwider sein? Und das soll eine gesetzestreue Gruppe Menschen, ja die gesetzestreueste sein?

Was würde denn vom Staat noch übrigbleiben, wenn alle Menschen nach den Richtlinien der Zeugen handeln würden? Nichts! Der Staat wäre völlig beseitigt! Also bedeutet die Verbreitung und Annahme der Lehren der Zeugen Jehovas Beseitigung und Vernichtung auch einer Demokratie! Glücklicherweise, oder vielmehr vernünftigerweise, weist die Mehrzahl aller Menschen diese zersetzenden Thesen der Zeugen zurück. Angesichts der natürlich bedingten sozialen Lebensnotwendigkeiten bleibt ja auch nichts anderes übrig!

Dessenungeachtet wird die zersetzende Tätigkeit der Zeugen fortgesetzt. Das wird den Zeugen auch im Buche des amerikanischen Reporters Marley Cole bescheinigt:

> „Wären sie eine stärkere Gruppe, so würde man sie nicht so unumschränkt dulden, denn sie verletzen ein Gefühl, das in Amerika allgemeiner ist als die Treue zur Kirche, nämlich die Vaterlandsliebe." („Der Ligourianer", Märzheft 1953)
>
> „Man hat auch das Gefühl, daß einschränkende Maßnahmen gutgeheißen würden, falls die Zeugen zu großer Zahl anwachsen und einen großen Teil der Gesellschaft mit ihren regierungsfeindlichen Taktiken zu durchdringen beginnen. Denn in diesem Land, wo die religiöse Observanz nicht allgemeine Gewohnheit ist, ist es der Patriotismus um so mehr und, wie Finley Peter Dunne einst sagte: ‚Der oberste Gerichtshof liest auch die Wahlberichte.'" (Marley Cole, „Jehovas Zeugen", S. 135—136.)

Gewerkschaften — ja oder nein?

Diese Frage war unter uns Zeugen in Deutschland lange nicht beantwortet. Welche Problematik brachte die Zwangsorganisierung in den „Freien Deutschen Gewerkschaftsbund" der Ostzone für viele Zeugen Jehovas. Sie verloren die Arbeitsplätze und bekamen keine neuen. Was tun? Einige traten ein und wurden von den anderen scheel angesehen, bis endlich die Brüder in Brooklyn dazu Stellung nahmen. In den USA ist es nicht möglich, eine Arbeit zu bekommen, wenn man nicht gewerkschaftlich organisiert ist. Somit durften schließlich auch die Zeugen in der Ostzone der Gewerkschaft beitreten. Doch ein klares Ja war nie gesprochen, bei vielen blieben Zweifel.

Bis heute scheint sich die Wachtturm-Gesellschaft über diese Frage weiter offiziell auszuschweigen.

Im Jahre 1943 nahm sie noch wie folgt Stellung:

„F r a g e n b e a n t w o r t u n g :

Verstößt es gegen Gottes Gebote, wenn man sich als Gewerkschaftler bemüht, die Verhältnisse der Arbeiterklassen zu verbessern? Handelt Gott nicht auch durch Menschen in diesem Sinne, daß Gerechtigkeit walten soll?

A n t w o r t : Nichts, was für Gerechtigkeit ist, kann gegen Gottes Gebot sein. Freilich ist hier unter ‚Gerechtigkeit‘ jenes Recht gemeint, das vor Gott gilt, also wahre Gerechtigkeit . . .

Es ist für die Menschen immer ein Vorteil, wenn sie sich von den Forderungen der Gerechtigkeit leiten lassen. Doch ist es bedenklich, im Kampf um wirtschaftliche Gerechtigkeit zu ungerechten ‚weltlichen‘ Maßnahmen zu greifen. Es ist immer noch besser, Unrecht zu erleiden, als Unrecht zu tun . . .

Wenn Menschen oder wirtschaftliche Gruppen um ihr Recht oder vermeintliches Recht kämpfen, so hat Christus gewöhnlich nichts damit zu tun . . .

Alle gerechtdenkenden Richter, Beamten oder Gewerkschaftsführer können unmöglich die Herrschaft Christi überflüssig machen, weil sie den Geist der Selbstsucht und Gewalttat nicht ausrotten können . . .

Darum harren wir auf die wahre Befreiung. Inzwischen darf sich jeder ehrliche Mensch gegen Ausbeutung wehren, wenn er dabei niemand Unrecht tut.“ („Trost“ v. 1. September 1943, Aus. Bern, S. 10.)

Diese Antwort der Wachtturm-Gesellschaft aus dem Zweigbüro in Bern ist ein wahres Idyll von Widersprüchen! Wer das gründlich durchliest, weiß überhaupt nicht mehr, was richtig sein soll.

Er kann Unrecht leiden, soll also lieber Ungerechtigkeit hinnehmen, als selber Unrecht tun. Tut der, welcher sich gegen Unrecht wehrt, unrecht? Sicherlich soll das ein christlicher Rat sein, Unrecht geduldig zu ertragen. Jeder ehrliche Mensch darf sich aber auch gegen Ausbeutung wehren, wenn er dabei nicht Unrecht tut. Wann trifft das zu? Diese ganze Fragenbeantwortung der Zeugen ist typisch.

Und dann, nur nebenbei bemerkt, scheinen die Gewerkschaften in den Augen der Zeugen ein Unrecht zu sein!

Heute kann ich nur den Kopf darüber schütteln, daß ich nicht noch früher diese Ungereimtheiten erkannte.

Jemand sagte einmal, daß die Zeugen für jeden Topf einen passenden Deckel haben. Ja, es ist so, denken wir doch an Rutherford, der mit der Bibel a l l e s beweisen will.

Nicht für den Frieden und die Politiker dieser Welt beten

Wenn der Weltkirchenrat öffentlich zum Gebet für Frieden und für Politiker auffordert, so müssen natürlich Jehovas Zeugen ihre Meinung dazu sagen. Es gibt ja kein bedeutendes religiöses Ereignis in der Welt, das die Brooklyner Fürsten nicht auf ihre Weise kommentieren.

Der Kommentar der Wachtturm-Gesellschaft dazu:

> „,Ein Pfad zu Frieden durch Gebet' hieß der Leitartikel der Zeitschrift LIFE vom 13. September 1954.
>
> In diesem Artikel zitiert man dann die Bemerkung Präsident Eisenhowers, die er im letzten August in Evanston, Illinois (USA), vor dem dort versammelten Weltkirchenrat äußerte: ,Für die Menschheit ist die Zeit herbeigekommen, in der es keinen Ersatz für einen gerechten und dauernden Frieden gibt.' Dann erwähnt

der Artikel die Anregung Eisenhowers, für einen weltweiten Gebetsfeldzug ‚als einen mächtigen, gleichzeitigen, intensiven Akt des Glaubens'. Der Rat stimmte mit ihm überein und setzte für die Zeit vom 18. bis 25. Januar 1955 eine Woche des allgemeinen Betens fest.

Im Leitartikel liest man die dringende Mahnung: ‚Wir wollen es alle vormerken; wir wollen alle beten. Wir möchten auch inzwischen oft beten, unter anderem für die Millionen russischer Christen ... Bestimmt müssen wir für Eisenhower beten ...'

Führt der Pfad zum Weltfrieden durch das Gebet? Wird Gott solche Gebete um Frieden erhören und beantworten? ...

Im Hinblick auf die abgefallene Nation Israel zu Jeremias' Zeit wurde ihm besonders geboten: ‚Du aber bitte nicht für dieses Volk, und erhebe weder Flehen noch Gebet für sie, und dringe nicht in mich; denn ich werde nicht auf dich hören.' Da ihr Untergang besiegelt war, wäre es für Jeremia nutzlos gewesen, für diese Nation zu beten. So ist es auch heute. Gott hat die Christenheit, die in der Bibel als Babylon beschrieben ist, zur Vernichtung verurteilt. Daher haben sich jene, die Gottes Vorsätze kennen, nicht Präsident Eisenhower und dem Weltkirchenrat während der Tage vom 18. bis 25. Januar im Gebet für den Weltfrieden angeschlossen. Statt dessen ließen sie Jehovas Warnung erschallen: ‚Gehet aus ihr hinaus, mein Volk, wenn ihr nicht mit teilhaben wollt an ihren Sünden, und wenn ihr nicht einen Teil ihrer Plagen empfangen wollt." — (Jer 7,16. Off 18,4, NW.)

(Wachtturm v. 1. Juni 1955, deutsch, S. 323/324.)

Wie könnten sich Jehovas Zeugen also „beflecken" und für den Frieden dieser Welt und für Politiker, die auf menschliche Herrschaft nicht verzichten wollen, Gebete zu Gott emporsenden! Sie würden ja Gott ungebührlich herausfordern! Das wäre eine Provokation Gottes!

Doch für den Frieden und die Politiker
dieser Welt beten

„In der Tat wird uns gesagt, daß wir für Könige und
Herrscher beten sollen, um weiterhin ein friedliches und
stilles Leben führen können . . .!"
(Wachtturm v. 15. August 1956, deutsch, S. 493.)

Also doch! Doch für den Frieden dieser Welt beten und
für ihre Politiker! Ob uns der Wachtturm verleiten will,
Gott zu provozieren? Sicherlich hat hier die Wachtturm-
Gesellschaft wieder einmal die Übersicht verloren. Der
Widerspruch ist mit Händen zu greifen. Sollte nicht Mr.
Rutherford doch auch noch heute recht haben mit den
Worten, dem Wachtturm nicht zu glauben?

Wie belehrt uns der Wachtturm über das Beten für den
Frieden dieser Welt und für ihre Herrscher?

„Ich ermahne daher vor allen Dingen, daß Flehen, Gebete, Fürbitten, Danksagungen verrichtet werden in
bezug auf alle Arten von Menschen, in bezug auf
Könige und alle, die in hoher Stellung sind, damit wir
fortgesetzt ein ruhiges und stilles Leben führen mögen
mit völliger Gottergebenheit und allem Ernst. Dies ist
recht und annehmbar in den Augen unseres Erretters,
Gottes, dessen Wille es ist, daß alle Arten von Menschen
gerettet werden und zu einer genauen Erkenntnis der
Wahrheit kommen' (1 Tim 2,1—4 NW). Wer sind die
Könige und die in hoher Stellung? Welcherlei Gebete
werden für sie dargebracht?

Aus dem Begleittext ist ersichtlich, daß die Könige und
andere ‚in hoher Stellung' sich auf Herrscher weltlicher
Nationen und auf andere Hochgestellte im öffentlichen
Leben beziehen. Es werden Beispiele in der Bibel er-
wähnt, wo Jehovas Volk Gebete darbrachte, welche
Herrscher betrafen . . .
Jeremia prophezeite etwas anderes, und statt den in
Babylon gefangenen Juden Hoffnung auf baldige Be-

freiung zu machen, hieß er sie, sich auf einen langen Aufenthalt dort zu rüsten, und fügte als einen Teil der Botschaft Gottes an sie bei: ‚Suchet den Frieden der Stadt, wohin ich euch weggeführt habe, und betet für sie zu Jehova; denn in ihrem Frieden werdet ihr Frieden haben' (Jerem 29,1—7) . . .

Diese zwei Fälle, der eine in den Tagen Jeremias . . . passen gut zu dem Rat, den Paulus dem Timotheus gab. Beide wurden in Zeiten erteilt, da aufrührerische Bewegungen oder Anklagen im Gange waren, und Gebete für die verschanzten Herrscher zeigten an, daß die Betenden nicht darauf ausgingen, die Regierung zu stürzen, sondern daß sie eher die Weiterdauer der bestehenden Regierung begünstigten . . .

Die Christen beteiligten sich nicht an jüdischen Aufständen, hatten keine politischen Vorurteile und ehrsüchtigen Bestrebungen, sondern interessierten sich nur an Frieden und Ruhe . . .

Sie waren nicht darauf bedacht, eine Regierung zu stürzen, sondern überließen das Christus Jesus . . . Bis dahin konnten sie für die friedliche Verwaltung öffentlicher Angelegenheiten beten . . .“

(Wachtturm v. August 1952, deutsch, S. 253/254.)

Wenn sog. Namenchristen, der Weltkirchenrat oder andere, für friedliche Zustände in der Welt beten, für Politiker oder Herrscher, z. B. für Eisenhower, dann zitieren die Fürsten in Brooklyn die Worte des Jeremias: „Du aber bitte nicht für dieses Volk und erhebe weder Flehen noch Gebet für sie, und dringe nicht in mich, denn ich werde nicht auf dich hören.“

Gelten diese Worte des Jeremias für die Zeugen heute nicht? Tun die Zeugen denn nicht dasselbe wie die „Namenchristen“? Beten nicht beide für den Frieden dieser Welt und für Politiker unserer Tage?

Politische Neutralität

In einer internen, nicht für die Öffentlichkeit bestimmten Information vom 25. Februar 1950 an alle Verkündiger erklärt die Wachtturm-Gesellschaft durch ihr deutsches Zweigbüro folgendes:

> „...In allen nationalen und auch parteipolitischen Streitigkeiten bewahren Jehovas Zeugen völlige Neutralität... Sie weigern sich, sich politisch zerreißen zu lassen und nehmen weder für noch gegen eine Nation, Partei oder Richtung Stellung..."

Fast alle einfachen Anhänger der Fürsten in Brooklyn leben in der Vorstellung, daß sie mit der Politik nichts zu tun haben, daß sie politisch völlig neutral seien. Jahrzehntelang haben die Wachtturmschriften aus den USA das so verlangt und beteuert.

In einer großangelegten Petition an die Sowjetregierung in Moskau, am 30. Juni 1956 in Kemi/Finnland verfaßt, wird das nochmals wiederholt:

> „Jehovas Zeugen schaden niemandem. Sie bleiben neutral gegenüber den Streitigkeiten dieser Welt. Sie befassen sich weder mit irgendeiner umstürzlerischen Tätigkeit noch mit Spionage. Sie sind nicht Nationalisten, nicht selbstsüchtige Kapitalisten, nicht Imperialisten. Als wahre Christen können sie das gar nicht sein, noch könnten sie für irgendwelche politischen Lehren oder Ideologien kämpfen, seien diese nun kommunistisch, demokratisch oder kapitalistisch..." (Aus dem „Wachtturm" v. 15. April 1957, deutsch, S. 251.)

Aber bedeutet Neutralität in politischen Dingen nur, nicht für irgendwelche Ideologien zu kämpfen, sei es Demokratie, Kapitalismus oder Kommunismus? Im übrigen bestätigen die Zeugen auch hier ihre Ablehnung der Demokratie. —

Bedeutet Neutralität nicht auch, nicht gegen irgendwelche Ideologien zu kämpfen? Das ist in der Petition an Moskau vielleicht vergessen worden. Weder für noch gegen, das ist wahre Neutralität!

Doch keine politische Neutralität

Entspricht es dem erklärten Grundsatz der Zeugen Jehovas, „weder für noch gegen eine Nation, Partei oder Richtung Stellung" zu nehmen, also weder für noch gegen Demokratie, Kapitalismus oder Kommunismus zu sein, wenn sie doch mitten in der Politik gelandet sind? Wenn sie versuchen, Gott in die Politik hineinzubringen? Wenn sie Staatsmänner schmähen und lächerlich machen? Wenn sie f ü r die Vereinten Nationen eintreten und die Anwendung ihrer Satzungen fordern?

Wenn sie g e g e n die Vereinten Nationen auftreten und verlangen, sie zum alten Eisen zu werfen? Wenn sie gegen Demokratie und Wahlen sind?

Damit haben die Zeugen Jehovas doch den Grundsatz völliger Neutralität verlassen! Die Führer der Zeugen Jehovas in den USA sollten endlich aufhören, von Neutralität zu reden, denn für Jehovas Zeugen kann es grundsätzlich keine Neutralität in dieser Welt geben.

In Wirklichkeit sind sie nie neutral gewesen! Der Standpunkt, den sie einnehmen, eingenommen haben und der in der Mission der Zeitschrift „Erwachet" seinen Ausdruck findet, ist alles andere als neutral:

„Sie (die Zeitschrift ‚Erwachet') bringt Abhandlungen über vielerlei Wissensgebiete, wie Regierung, Handel, Religion, Geschichte, Geographie, Wissenschaft, soziale Zustände, Naturwunder. So weit wie die Erde und so hoch wie der Himmel ist das Gebiet, das sie umfaßt.

‚Erwachet' gelobt, sich an gerechte Grundsätze zu halten, verborgene Feinde bloßzustellen, verhüllte Gefahren aufzudecken, die Freiheit für alle zu verteidigen, Trauernde zu trösten und jene zu stärken, die durch die Fehlschläge einer pflichtvergessenen Welt entmutigt sind . . ." („Erwachet", S. 2).

Wer mit einer solchen Mission unter die Menschen geht, ist nicht neutral, sondern muß für oder gegen Stellung beziehen, und das tun die Zeugen in Wirklichkeit ja auch in allen Fragen des Lebens. Ihre Neutralitätsbeteuerungen sind darum Irreführung, Heuchelei und Täuschung!

Ein deutlicher Beweis für diese Tatsache ist das Verhältnis der Zeugen Jehovas zum Kommunismus. N. H. Knorr, W. F. Franz, Grant Suiter, H. H. Riemer, T. J. Sullivan, L. A. Swingle und M. G. Henschel, die sieben höchsten Direktionsmitglieder der Weltorganisation der Zeugen Jehovas, bürgen unterschriftlich für die Wahrhaftigkeit folgender Worte, welche sie in einer Petition vom 1. März 1957 an die Sowjetregierung in Moskau richteten:

„... Dies geschah nicht etwa (gemeint ist das Verbot der Zeugen in der Sowjetunion; d. Verf.), weil sie irgendein Verbrechen begangen hätten oder sich in i r g e n d - e i n e r   W e i s e   p o l i t i s c h   b e t ä t i g t hätten. Jehovas Zeugen sind die friedlichste, gesetzestreueste Gruppe Menschen auf Erden ..." (Hervorhebungen v. Verf.)

(Wachtturm v. 15. April 1957, deutsch, S. 253)

Die Wahrheit aber ist, daß es keine Neutralität der Zeugen Jehovas gegenüber dem Kommunismus gibt und geben kann.

Lange, bevor sich die Kommunisten speziell mit den Zeugen Jehovas befaßten, haben die Zeugen mit den Kommunisten abgerechnet, und zwar im Buche „Regierung" (1928, von Rutherford, dem Vorgänger des jetzigen Präsidenten Knorr).

Auf dem internationalen Kongreß im Yankee-Stadion 1950 verfaßten Knorr und seine Mitarbeiter eine Resolution gegen den Kommunismus.

Im „Informator" vom Juli 1952 ließ die Wachtturm-Gesellschaft über ihr deutsches Zweigbüro erklären, daß die Literatur der Zeugen Jehovas ein Bollwerk gegen den Kommunismus darstellt. Im Wachtturm vom 1. Juni 1952 (deutsch) rechneten die Zeugen erneut mit dem Kommunismus ab. Im Buche „Was hat die Religion der Menschheit gebracht" (deutsch 1953) reihten sie den Kommunismus dann als Rote Religion unter die falschen zu bekämpfenden Religionen ein.

Diese Tatsachen strafen die Petition Knorrs und seiner Direktionsmitglieder Lügen. Warum tarnen sie sich als völlig unpolitisch und neutral? Gegen den Kommunismus kann es keine Neutralität geben. Wozu also heucheln, feige sich verstellen?

Die Wahrheit ist doch, daß Jehovas Zeugen weder religiös noch politisch neutral sind.

Wie merkwürdig zeigt sich ihre Auffassung von den Pflichten eines Staatsbürgers. Sie wissen nicht, was sie wollen; einmal so und einmal so, je nachdem sie die Lage für sich ausnutzen möchten und können. Wie kann man noch davon sprechen, sie seien die treuesten Staatsbürger? Mit diesen verbreiteten Anschauungen stiften sie doch bei der Intensität ihrer Propaganda nur Verwirrung. Damit machen sie sich bei entsprechender Anzahl ihrer Anhänger zum politischen Faktum für jeden Staat.

Und sie nehmen doch nicht nur gegen irgendeine Partei, eine Richtung oder einen Staat Stellung, wie hier gegen den Kommunismus, sondern gleich gegen alle. Erinnern wir uns der Wachtturmworte:

„Wie abgeschmackt und kindisch ist es doch, zu denken, irgendeine politische Partei sei ‚die Rettung dieses Landes' (gemeint sind die USA) oder die Rettung irgendeines anderen Landes." (Wachtturm 1953, deutsch, Seite 36.)

Auf dem Weg zur Kirche

Ein erlebnisreicher Abschnitt meines Lebens ist zu Ende gegangen. Er begann so glückverheißend, aber es kam erschreckend anders. Die bitterste Enttäuschung meines Lebens wurde mir bereitet. Die „beglückende Wahrheit" der Zeugen Jehovas mußte ich preisgeben, nachdem ich die wirkliche Wahrheit gefunden. Das Brot, das den Hunger meiner Seele stillen sollte, war zu Stein geworden.

Nun gelte ich in den Augen der ehemaligen Brüder und Schwestern als Rebell, der verachtet werden muß, solange er nicht reumütig zurückkehrt. Ja, es wird mir, dem Treulosen, die entsetzliche Rache Jehovas prophezeit... Nach den Kenntnissen, die ich gewonnen, vermag mich die Verurteilung durch die Wachtturmführer nicht mehr zu erschüttern. Auch vor dem Strafgericht Gottes wider „seine Feinde" fürchte ich mich nicht. Zu den Feinden Gottes zähle ich nicht, weil ich ja die Wahrheit gesucht und sie gegen Irrtum und Lüge verteidige. Vielleicht werden die Wachtturmführer versuchen, mich persönlich zu diffamieren. Eine verwerfliche Methode, wenn man auf meine unwiderlegbaren Argumente keine sachliche Antwort zu geben weiß! Jedenfalls habe ich, wie jeder Mensch, das Recht und die Pflicht, meinem guten Gewissen zu folgen. Und ich habe mich aus guten Gewissensgründen von der Wachtturm-Gesellschaft losgesagt.

Jeder muß seinem Gewissen folgen... Gottes Wille und Gesetz, denen jeder Mensch sich unterwerfen muß, ist ins Herz geschrieben. „Wenn nämlich die Heiden, die kein Gesetz haben, von Natur aus die Forderungen des Gesetzes erfüllen, so sind diese Gesetzlosen sich selbst Gesetz. Sie zeigen ja, daß die Gesetzesforderung in ihr Herz geschrieben ist, da ihr Gewissen ihnen Zeugnis gibt, und ihre Gedanken sich untereinander anklagen oder auch verteidigen", so schrieb Paulus an die Römer (2,14 f). Und an anderer Stelle: „Was nicht aus Überzeugung geschieht (d. h. nicht mit innerer Zustimmung des Gewissens) ist

Sünde" (Röm 14,23). Was tun, wenn man guten Gewissens zur Überzeugung gelangt, der Glaube, den ich bisher bekannt habe, ist falsch? — Muß ich ihn nicht preisgeben? — Unbedingt! Auch die Zeugen Jehovas teilen angeblich diese Ansicht:

> „Deine Religion sollte eine zuverlässige Grundlage haben. Du solltest dich nicht auf religiöse Führer und Religionssysteme stützen, sondern auf Gottes Wort, die Bibel. Du solltest dich vorerst vergewissern, ob deine Religion mit Gottes Wort in Übereinstimmung ist, wenn du daran festhalten willst. W e n n d u e r f ä h r s t , d a ß d e i n e R e l i g i o n e t w a s l e h r t , w a s n i c h t r e c h t i s t , d a n n s o l l t e s t d u d i c h d a v o n a b w e n d e n (gesp. vom Verf.). Die Frage entsteht nun aber: Bist du bereit, deine Religion einer solchen Prüfung zu unterziehen? Du brauchst nichts zu befürchten . . ., wenn du die richtige Religion hast" (Wachtturm 1. Juli 1958), Seite 289, Abs. 2.

Ich habe meine bisherige Religion gründlich geprüft. Sie hat jener Prüfung nicht standgehalten, welche die Wachtturm-Gesellschaft selbst fordert. Dies habe ich im vorliegenden Buche klar bewiesen. Ich habe also auf mein gutes Gewissen gehört und deshalb mich von der Wachtturm-Gesellschaft getrennt. Was nun? — Wo ist die Wahrheit, wenn die Zeugen Jehovas sie sicher nicht besitzen?

Soll ich vielleicht nicht mehr glauben, was irgendeine Religion predigt? Muß ich nicht an Gott zweifeln und verzweifeln? Das darf ich nicht. Gott ist wirklich. „Nur der Tor spricht in seinem Herzen, es gibt keinen Gott" (Ps 13,1). „Was man von Gott erkennen kann, ist unter ihnen (den Heiden) bekannt; hat es doch Gott ihnen bekanntgemacht. Denn was unsichtbar an ihm ist, seine ewige Macht und Göttlichkeit, wird seit Schöpfung der Welt an seinen Werken deutlich erschaut, so daß sie keine Entschuldigung haben" (Röm 1,19 f). Und Gott hat „zu vielen Malen und auf vielerlei Weise früher zu den Völkern gesprochen durch die Propheten. Am Ende dieser Tage hat er zu uns gesprochen durch seinen Sohn, den er zum Erben des Alls bestellt, durch den er auch die Weltzeiten geschaffen hat" (Hebr 1,1 f). An der Existenz jenes Gottes, der die Welt geschaffen und sich durch seinen Sohn geoffenbart hat, ist also nicht zu zweifeln.

Wie soll ich mich aber praktisch zu Gott verhalten? Welche Religion annehmen? — Soll ich vielleicht versuchen, persönlich an Hand der Bibel die Wahrheit zu finden, allein, ohne Rücksicht auf irgendeine kirchliche Lehre? Kann ich nicht der Wahrheit in einer der schon bestehenden Kirchen begegnen? Christus, der die Wahrheit ist, hat doch verheißen, bei den Zeugen seiner Lehre zu bleiben alle Tage bis ans Ende der Welt. Alle Tage ... dann besteht die Kirche Christi ununterbrochen seit den Tagen der Urkirche bis heute, und zwar nicht unsichtbar, sondern sichtbar.

Welche Kirche existiert ununterbrochen seit den Tagen der Urkirche? — Die Antwort versetzte mir einen Schock. War es nicht die katholische Kirche, welche wir Zeugen Jehovas als Dienerin des Teufels bezeichneten? Alles sträubte sich in mir, die katholische Kirche als die wahre Kirche Christi anzuerkennen. Nein, wie ich bisher die katholische Kirche kannte, diese Kirche konnte niemals die Kirche Christi sein. Niemals!

Ich suchte und forschte unermüdlich weiter. Wer waren denn jene Zeugen, welche Christus seines dauernden Beistandes versichert hatte? — Etwa jene, welche von der Wachtturm-Gesellschaft erschütternd naiv oder anmaßend frech nebeneinandergestellt werden — als Zeugen Jehovas? — Ein Paulus, ein Arius, ein Waldes, ein Luther, und — ein Russel oder Rutherford? — In diesen Männern soll das ursprüngliche, „reine" Christentum erhalten geblieben sein, während die Kirche (lies: katholische Kirche) bzw. die christlichen Kirchen, schon im Urchristentum durch den Abfall ins Heidentum entstanden sind? — Die „Vorläufer" der Wachtturmführer würden sich entschieden dagegen verwahren, mit verblendeten „Präsidenten" und falschen Propheten auf eine Stufe gestellt zu werden! — Zudem, wenn die Kirche Christi schon zu urchristlichen Zeiten heidnisch geworden ist, hätten entgegen der Verheißung Christi die Pforten der Hölle die Kirche überwältigt. Das kann und darf ich nicht glauben . . .

Begierig las ich die biblischen Berichte über die Urkirche. Welche Kirche stand schon am Anfang des Christentums? Keine andere als die mir bisher so verhaßte katholische. Widerstrebend ging ich einmal in eine katholische Kirche. Ich wollte einem Gottesdienst beiwohnen. Alles „Zeremonien", alles „Theater", dachte ich. Aber merkwürdig, dieses „Theater" ließ mir fortan keine Ruhe mehr. Warum eigentlich?

Ich legte es darauf an, Bekanntschaft mit katholischen Geistlichen zu machen. Zunächst begegnete ich einem Pfarrer, dessen Körperkräfte durch die Seelsorge im Bergbaugebiet völlig aufgezehrt worden waren. Sollte ich diesen Seelsorger, der zum Krüppel geworden war, als Heuchler, Pharisäer und Teufelsdiener betrachten? Dafür war dieser Pfarrer zu gütig und zu ehrlich. War jener Jesuitenpater, den ich dann kennenlernte, ein fachkundiger, raffinierter Seelenkäufer? Nichts dergleichen konnte ich entdecken . . .

Ich fand in katholischen Priestern aufgeschlossene, hilfsbereite, wirklich gütige Menschen, die ihren Beruf ernst nehmen. Sie glauben aufrichtig an die Heilige Schrift und suchen ihre Glaubensüberzeugung an Hand der Bibel zu beweisen. Waren sie Bibelverdreher, gebildete Textkritiker, welche willkürlich den Bibeltext entstellten, wie mir die Wachtturm-Gesellschaft bis jetzt weismachte? Nein, ich lernte diese Geistlichen als bescheidene, bibelgläubige Christen kennen, welche sich demütig unter das Wort Gottes stellen. Da sprachen keine Fanatiker auf mich ein, welche Haß predigen, keine selbstgerechten Sektierer, welche das Denken und Tun anderer mit irgendeiner aus dem Zusammenhang gerissenen Bibelstelle b e urteilen oder v e r urteilen. Da redeten Männer, welche bei aller Schwäche und Sündhaftigkeit sich ehrlich bemühen, selbst den Weg zu Gott zu gehen und andere diesen Weg zu führen.

Besonders sprach mich die Haltung jenes Jesuiten an, welcher mir bei der ersten Begegnung erklärte, er wolle aus mir keinen Katholiken „machen". Glauben sei von der persönlicher Überzeugung und vom freien Willen des einzelnen abhängig. Der Glaube lasse sich weder erzwingen noch kaufen. Nur dies könne er tun: zu einem Verständnis der Zusammenhänge des katholischen Glaubens verhelfen. Auch versprach er mir, mich in meiner Not nach Kräften zu unterstützen, ob ich nun katholisch würde oder nicht. Jehovas Zeugen mögen solches Verhalten als jesuitische Taktik und jesuitische Schlauheit bezeichnen. Die persönlichen Begegnungen und die schriftliche Diskussion konnten mich nur von der lauteren Ehrlichkeit meines Gesprächspartners überzeugen. Offen und sachlich konnten wir über alle Fragen sprechen, die mich bewegten. Es kam mir wie ein Wunder vor, daß der von mir früher verachtete „Satansdiener" auf alle Fragen eine Antwort zu geben wußte, die mich trotz meines Zeugen-Jehovas-Denkens zutiefst befriedigte. Nur mußte ich mich bemühen, vorurteilslos zu denken und Schlußfolgerungen zu ziehen.

So nahm in mir allmählich auf Grund der eigenen Studien ein ganz anderes Bild der katholischen Kirche Gestalt an. Das dunkle Zerrbild, wie es die Wachtturm-Gesellschaft zeichnet, hellte sich immer mehr auf. Heute erscheint mir die katholische Kirche und ihre Geschichte in einem neuen Licht. Wohl gab es und gibt es auch in dieser Kirche Heuchler, Menschen, welche die Religion zu eigenem Vorteil mißbrauchen. Aber muß man das Menschliche in der

Kirche nicht aus der Zeit und ihren Verhältnissen verstehen? Und sind nicht sündhafte Menschen genauso in allen Kirchen und Sekten zu finden? — Auch einem Zeugen Jehovas wird immer wieder beigebracht, er solle nicht auf die Fehler der Diener und Aufseher schauen, sondern auf Gott, dem ein schwacher Mensch dienen will. Gilt das nicht genauso von jedem katholischen Priester? Warum deren Fehler herausstellen und die eigenen verdecken? — Welch pharisäische Selbstgerechtigkeit der Zeugen Jehovas und ihrer Führer! Wie sie doch über die Fehler der katholischen und evangelischen Geistlichen zu Gericht sitzen und ihre eigenen Fehltritte beschönigen oder verschweigen! Es wäre besser, die Wachtturmführer nähmen das Wort der Schrift ernster: „Wenn wir sagen, wir hätten keine Sünde, täuschen wir uns selbst und die Wahrheit ist nicht in uns" (1 Jo 1,8).

So habe ich mich ohne Vorurteile an das Studium der katholischen Glaubenslehre gemacht und habe darin bis heute wirklich Befriedigung gefunden. Wohl ist ein weiter, beschwerlicher Weg zu gehen vom Irrglauben des Zeugen Jehovas zum Glauben des katholischen Christen. Die Tatsache steht nun fest: die katholische Kirche ist die einzige Kirche, die schon immer bestand und der Christus seinen Beistand verheißen hat alle Tage bis ans Ende der Welt.

Die Mißverständnisse über den katholischen Glauben haben sich geklärt. Als Zeuge Jehovas verwarf ich den Glauben an die Heiligste Dreifaltigkeit als heidnischen Irrglauben. Heute weiß ich, daß die katholische Kirche nie gelehrt hat, in Gott seien drei Götter, sondern daß sie immer geglaubt hat, daß „es nur einen einzigen Gott gibt" (1 Kor 8,4). Daß aber der eine Gott dreipersönlich ist, bezeugt die göttliche Selbstoffenbarung. Entweder sind in Gott drei geistige Personen, Vater, Sohn und Geist, oder der Taufbefehl Christi „Taufet im Namen des Vaters und des Sohnes und des Heiligen Geistes" wäre rätselhaft, ja unsinnig.

Welch häßliche Polemik entfesselt die Wachtturmgesellschaft gegen den Glauben an die unsterbliche Menschenseele! Ist denn der Mensch nicht gemäß der Bibel als Ebenbild und Gleichnis Gottes erschaffen worden, der reiner Geist ist (1 Mos 1,26; Jo 4,24; Lk 24,39)? Hat nicht Christus klar geoffenbart, daß der Leib getötet werden kann, die vom Körper verschiedene Seele aber unzerstörbar ist (Mt 10,28)?

Wie sehr strengt sich die Wachtturmgesellschaft an, den biblischen Glauben an eine ewige Feuerhölle zu zerstören. Die Verdammten würden für immer vernichtet; denn sie werden gemäß der Schrift in den Feuerpfuhl geworfen. „Das ist der zweite Tod, der Feuerpfuhl" (Offb 20,14; 21,8). Dabei beweist die Bibel unzweideutig, daß der zweite Tod nicht ewige Vernichtung, sondern Verlust des göttlichen Lebens bedeutet. Die Verdammten werden gemäß der Bibel wie die Seligen von den Toten auferweckt (Jo 5,28 f.; Apg 4,2; 17,18,32) und haben bei vollem Bewußtsein die Qualen der ewigen Feuerhölle (gehenna) zu erdulden, denn der Rauch ihrer Qual steigt auf von Ewigkeit zu Ewigkeit", und „sie haben keine Ruhe bei Tag und Nacht, die das Tier und sein Bild angebetet haben" ... (Offb 14,11). „Sie werden gepeinigt werden Tag und Nacht von Ewigkeit zu Ewigkeit" (Offb 20,10). Würden die Verdammten vernichtet und wäre ihr Tod nur der Prüfstein für die Oberhoheit Jehovas („Erwachet" 8. Aug. 1960), wie könnte dann noch von nicht mehr existierenden Wesen „ein Rauch der Qual aufsteigen"? Wie könnten völlig vernichtete Geschöpfe „keine Ruhe haben Tag und Nacht von Ewigkeit zu Ewigkeit"? Wer verfälscht hier den klaren Sinn der Offenbarung über die ewige Feuerhölle? Die Wachtturmführung oder die katholische Kirche? Unzweifelhaft die Wachtturmführung!

Bedarf es noch mehr der Beweise, daß der Glaube der Zeugen Jehovas der Bibel w i d e r spricht, der katholische Glaube aber der Heiligen Schrift e n t spricht? —

Jetzt erscheint mir der katholische Gottesdienst nicht mehr nur als leere „Zeremonie" oder pompöses „Theater". Echte, tiefe Frömmigkeit drückt sich in der Liturgie und im Beten der katholischen Kirche aus. —

Wie konnte es kommen, daß ich mich in der katholischen Glaubenslehre und im Leben der katholischen Kirche daheim fühle? Sicherlich durch eigenes nüchternes Denken; aber nicht allein und entscheidend dadurch, sondern durch die Gnade Gottes. Davon bin ich überzeugt.

Gott hat mir die Gnade geschenkt, die Wahrheit über die Zeugen Jehovas zu erkennen. Darum schrieb ich mutig dieses Buch, wohl wissend, daß mir manches Ungemach dadurch entstehen würde; aber auch traurig darüber, daß viele meiner ehemaligen Brüder sich nicht von ihren Vorurteilen lösen können. Zu tief sind sie in das Wachtturm-Denken verstrickt. Ich kann nur von Herzen wünschen, daß auch ihnen die blinden Augen geöffnet werden und sie zum wirklichen Leben zurückfinden wie ich. Es braucht geradezu heroischen Mut, die Fesseln zu sprengen, in welche die Wachtturmgesellschaft ihre Anhänger legt.

In der Kirche geborgen

Die Vorstellungen von der unaufrichtigen, verteufelten Kirche sind nicht mehr. Hätte mir vor zehn Jahren jemand gesagt, ich würde einmal katholisch, ich hätte ihn für nicht normal gehalten. Damals wäre meine Antwort „unmöglich" gewesen.

Heute sehe ich die Kirche in einem ganz anderen Licht und ich muß mich immer wieder fragen, wie war es nur möglich, solche Ungereimtheiten und Unwahrheiten, wie wir sie als Zeugen Jehovas glaubten und verbreiteten, als Tatsache hinzunehmen.

Wie tief diese Ungereimtheiten als Vorurteile in Jehovas Zeugen verwurzelt sind, zeigen die vielen Zuschriften, die ich nach der Veröffentlichung der 1. und 2. Auflage meines Buches erhalten habe. Diese Vorurteile sind es, mit denen sich die Zeugen Jehovas den Weg zur Kirche selbst verbauen.

Ein ehemaliger Zeuge Jehovas schrieb mir: „Ich habe Ihr Buch ‚Ich war Zeuge Jehovas' innerhalb einer Woche zweimal gelesen, mit innerster Bewegung. Ich selbst war acht Jahre Zeuge Jehovas. Ihr Erlebnisbericht ist mir geradezu aus dem Herzen geschrieben, und wollte ich ein solches Buch schreiben, ich könnte es nicht besser fassen ... Daß Sie jedoch katholisch werden wollen, ist für mich unfaßbar, einfach unbegreiflich".

Ich kann diesen Zeugen Jehovas verstehen. Meine Fähigkeit nach Wachtturmart zu denken, habe ich keineswegs eingebüßt. Es ist mir bewußt, die Lehre der Wachtturm-Gesellschaft ist keine Theorie, sondern eine Methode. Aus diesem Grunde bin ich in der Aufklärung über die wahren Ziele tätig geworden und aus diesem Grunde folgt auch mein nächstes Buch. Nicht daß ich mich heute als Feind meiner ehemaligen Brüder verstehe oder gar als Verräter. Die Wachtturm-Gesellschaft meint allerdings, mich mit Judas vergleichen zu können, wie sie es im Jahrbuch 1964 auf Seite 276 durch eine „treue Schwester" aussprechen läßt.

Ich fühle mich nicht als Verräter und bin es nicht. Mit der Handlungsweise eines Judas habe ich nichts gemein. Meine Abkehr von der Wachtturm-Gesellschaft und meine jetzige Aufklärungstätigkeit sind in der überwältigenden Erkenntnis begründet, daß die Wachtturm-Gesellschaft fortwährenden Irrtümern zum Opfer fällt und darin verstrickt ist und bleibt.

Aus eigener Erfahrung habe ich die Größe und Gefährlichkeit dieses Irrtums immer vor Augen. Ich darf nicht schweigen. Ich kann nicht schweigen!

Nachdem ich nun zur Kirche, zu Christus gefunden habe, muß ich meinen ehemaligen Brüdern zurufen, es ist Christus der seine Kirche lenkt und sie nie verlassen hat. Lest die Apostelgeschichte, lest die Apostelbriefe, sie schildern die Urkirche mit ihren gläubigen Menschen voller Fehler und Schwächen. Und doch, Christus lenkte diese Kirche, er wirkte und wohnte in ihr. Er lenkt sie, wirkt und wohnt in ihr bis auf den heutigen Tag.

Christus kann nicht irren, er ist immer derselbe, Unveränderliche. So ist seine Kirche wahr und unveränderlich — muß es sein. Mögen ihre menschlichen Vertreter Sünder sein, mögen menschliche Gebrechen zum Vorschein kommen, sie ist die Kirche, unveränderlich, wie sie es schon zu Zeiten der Apostel war.

Das Volk Israel war trotz aller Fehler und Übertretungen seiner Herrscher, ja zu Zeiten sogar des ganzen Volkes, Gottes auserwähltes Volk bis er es verwarf. Die Kirche ist trotz menschlicher Fehler und Gebrechen Kirche Christi. Er hat sie nicht verworfen. Er wird sie nicht verwerfen. Sie bleibt bis er wiederkommt. Christus hat sich dafür verbürgt, daß er bei ihr bleibe. Sein Wort ist Wahrheit. Er kann nicht lügen.

Erst allmählich habe ich erkannt, in welchem Zerrbild ich

die Kirche gesehen hatte. Die größten Schwierigkeiten die Kirche als das zu erkennen, was sie ist, waren Vorurteile und Ansichten, die nicht Wirklichkeit waren. Erst spät habe ich erkannt, was die katholische Kirche wirklich ist, die Kirche Christi, die sie immer war. In dieser Kirche fühle ich mich geborgen. In dieser Kirche wünschte ich meine ehemaligen Brüder unter den Zeugen Jehovas geborgen.

Zum Schluß darf ich die Gründe, welche meine Bekehrung im Gewissen und vor Gott rechtfertigen, nochmals zusammenfassen:

Die unvoreingenommene menschliche Vernunft kann die Lehre der Zeugen Jehovas nicht bejahen. Ein kritisches Studium der Geschichte und der Lehrentwicklung der Wachtturmgesellschaft entdeckt zu viele Widersprüche. Weil die „Fürsten" von Brooklyn die Wahrheit nicht besitzen, mußten und müssen sie noch heute immer wieder von neuem widerrufen, was sie gestern oder vor Jahrzehnten als biblische, göttliche Wahrheit verkündet haben.

Die Bibel stützt die „Wahrheit" der Wachtturm-Lehre nicht. Die Willkür, mit welcher die leitenden „Brüder" Brooklyns die Bibel deuten, ist mit Händen zu greifen. Und mögen die Zeugen Jehovas ihre unbiblischen Wahnideen in Milliarden Broschüren und Büchern verbreiten, das Unkraut ihrer Irrlehren verwandelt sich nicht in edle, wertvolle Frucht dadurch, daß es in Massen verbreitet wird.

Das Leben widerspricht den weltfremden Auffassungen der Zeugen Jehovas. Wollte die Menschheit das Brooklyner Programm verwirklichen, die Familie würde sich auflösen, das Staatswesen zerfallen, das soziale und politische Leben würde zerstört. Das widerspricht dem Willen Gottes und den Gesetzen und Bedürfnissen der von Gott geschaffenen menschlichen Natur.

D i e   F r ü c h t e des einzig wahren Christentums werden
von den Zeugen Jehovas nicht hervorgebracht, mögen sie
sich auch fanatisch und in lautstarker Propaganda dieser
Früchte rühmen. Zu viele Zeugen haben moralisch versagt, darunter auch führende Männer, amerikanische „Fürsten" und andere „Schafe". Es berührt peinlich, daß die
Wachtturm-Führung sich bemüht, die internen Skandale
der Wachtturm-Gesellschaft zu beschönigen oder zu ver-
heimlichen. Solches Unterfangen nützt nichts. Früher oder
später kommt die Wahrheit doch an den Tag, daß eine
sog. theokratische Führung nicht am Werke ist, daß Je-
hova-Gott keine überheblichen, anmaßenden, falschen
Propheten mit der weltweiten Verkündigung seines Königreiches betraut hat.

Deshalb habe ich mich unwiderruflich von der „heiligen
Universalorganisation Jehovas" losgesagt. Ich habe die
Wahrheit, Gerechtigkeit und echte christliche Nächstenliebe gesucht und sie außerhalb der Wachtturmgesellschaft,
in der katholischen Kirche, gefunden. Die Hunderttausende Zeugen Jehovas, welche dem Irrwahn von Brooklyn
verfallen sind und verfallen bleiben, kann ich nur aufrichtigen Herzens bedauern . . .

INHALT

Alfred Läpple

Der Glaube an das Jenseits

Ganzleinen, 212 Seiten, Bestell-Nr. 91 145

Ein seltsames, ja paradoxes Phänomen kennzeichnet unsere Zeit: Während die Zahl der Menschen, die an ein Weiterleben nach dem Tod und damit an ein Jenseits nicht mehr glauben, in den letzten Jahren erheblich zunimmt, ist gleichzeitig das Interesse für das Thema „Tod", Parapsychologie, Okkultismus und Spiritismus im gleichen Zeitraum überraschend gestiegen. Auch die moderne Medizin befaßt sich intensiv mit der Frage: Was passiert eigentlich beim Sterben? Vermittelt der äußere und hinfällige Eindruck eines Sterbenden wirklich ein wahres Bild über das, was im Innern dieses Menschen vor sich geht? Fragen über Fragen türmen sich auf.

Ganz neue Forschungsdetails werden heute über diese Thematik in Buchveröffentlichungen und Zeitschriftenartikeln vorgelegt. Wo findet sich aber eine gediegene Information und eine kritische Auseinandersetzung, um zuverlässige Forschungsergebnisse von übertriebenen Sensationsberichten unterscheiden zu können? Was bleibt nach der gegenwärtigen Entmythologisierung und Entrümpelungsaktion überhaupt noch vom Jenseits (Gericht, Fegefeuer, Hölle und Himmel) und von jenen Vorstellungen, die man darüber im traditionellen Religionsunterricht zu hören bekam?

Wer auf diese Fragen und Verunsicherungen vieler Menschen unserer Zeit eine gediegene, wissenschaftlich fundierte und gut lesbare Antwort haben will, ist gut beraten, wenn er nach dem soeben erschienenen Buch von Alfred Läpple „Der Glaube an das Jenseits" greift!

PAUL PATTLOCH VERLAG · 875 ASCHAFFENBURG

CARLO CARRETTO

Gott auf der Spur

Broschüre, 196 Seiten, Bestell-Nr. 91 068

3. Auflage

Ein Aufruf Carrettos, das eigentlich Neue des Evangeliums zu entdecken. In gewisser Weise muß jeder von uns Gott wiederfinden — den Gott Abrahams, den Gott des Moses, den Gott des Elia, den Gott des Evangeliums.
Ein Bestseller, der in vielen Ländern Rekordauflagen erzielte.

Allein die Liebe zählt

Broschüre, 176 Seiten, Bestell-Nr. 91 092

2. Auflage

Anregungen zu einem engagierten christlichen Leben. Vertrauen und Gebet, Glauben und Liebe, aber nicht weltfremd, sondern auf dem Hintergrund unserer alltäglichen Wirklichkeit.

Jenseits aller Dinge

Broschüre, 148 Seiten, Bestell-Nr. 91 074

2. Auflage

Carrettos Streitgespräch mit Gott. Inhalt: Die Probleme unserer Zeit. „Ich möchte gegen Gott rebellieren, und ich weiß, daß ihm diese Art von Rebellion gefällt. Es ist die Rebellion der Liebe!"

PAUL PATTLOCH VERLAG · 875 ASCHAFFENBURG

Maria Winowska

Das Geheimnis des Pater Maximilian Kolbe

177 Seiten, 12 Abbildungen, Bestell-Nr. 91 054

Am 17. 10. 1971 wurde in der Peterskirche in Rom der Franziskanerpater Maximilian Kolbe selig gesprochen, dessen ganzes Leben ein Loblied auf die „Unbefleckte" gewesen ist. In Polen 1894 von einfachen, aber frommen Eltern geboren, findet er früh den Weg in den Franziskanerorden, wird zum Studium nach Rom geschickt, gründet dort mit Gleichgesinnten die M. I. (Militia Immaculatae) und wirft sich, nach Polen zurückgekehrt, mit glühendem Eifer, ohne Startkapital, auf die Gründung einer kleinen religiösen Zeitschrift, die aus kleinsten und bescheidensten Anfängen bald eine Millionenauflage erreicht. Zur Mission nach Japan berufen, ohne Hilfe, ohne Sprachkenntnisse, kann er in kürzester Zeit auf segensreiche Erfolge blicken. 12 Klöster, 6 Pfarreien, 103 japanische Mönche wirken heute in Japan. Die japanische Zeitschrift hat zur Zeit eine Auflage von 750.000 Exemplaren.
Pater Kolbe ist der vorbildliche Arbeitermönch, der die Ideale des hl. Franz in seinem Leben und Werk verwirklicht. Im Dritten Reich in das Vernichtungslager Auschwitz gebracht, opfert er sich für einen zum Tode verurteilten Familienvater auf, und wird an Maria Himmelfahrt 1941 unschuldig hingerichtet.

PAUL PATTLOCH VERLAG · 875 ASCHAFFENBURG

Marie Therese

Die Frucht der Liebe

Eucharistie — Priestertum — Maria

Ganzleinen, 184 Seiten, Bestell-Nr. 10 012

Die Kirche hat zu allen Zeiten das Leben Jesu sichtbar zu machen. Er hat uns von seiner Geburt bis zum Tod ein Beispiel gegeben. Er ist die einzige Norm. Die Anpassung, die die Kirche und der einzelne Christ immer wieder zu vollziehen haben, ist die Anpassung an das Leben Jesu.

Gerade dieses zentrale Geheimnis Christi wird heute ausgehöhlt; sein Schmerz und seine Hingabe, sein Opfer und seine Liebe. Christus wird heute vielfach von seinem Platz als Erlöser verdrängt. Der Leser findet in diesem Buch Gebete und Meditationen für viele Situationen im Leben, zu deren Bewältigung das Gebet im Glauben beitragen soll. Das Werk ist eine seelische Bereicherung für jeden Gläubigen, aber auch für den am Glauben zweifelnden.

PAUL PATTLOCH VERLAG · 875 ASCHAFFENBURG

ANNA KATHARINA EMMERICH

Authentische Werke

aufgezeichnet von Clemens Brentano während seines mehr-
jährigen Aufenthaltes am Krankenbett der stigmatisierten
Augustinerin des Klosters Agnetenburg zu Dülmen.

Visionen

Ganzleinen, 244 Seiten, Bestell-Nr. 91 060

5. Auflage

Schon als Kind hat Anna Katharina Emmerich Visionen gehabt
und jenseitige Dinge gesehen. Hier berichtet sie in ihren Schau-
ungen über die Gliederungen der Engel, die armen Seelen im
Fegefeuer, die streitende und leidende Kirche, das hl. Meßopfer
und über das jenseitige Leben in Lohn und Strafe.

Anna Katharina war von tiefem Mitleiden für die armen Seelen
im Fegefeuer erfüllt, für die sie Schmerzen, Sorgen und
Krankheit litt und aufopferte, um ihnen zu helfen. Oftmals
jammerte sie: „Es ist traurig, wie jetzt so wenig den armen
Seelen geholfen wird. Und ihr Elend ist doch so groß, sie selber
können sich ja gar nicht helfen."

Ein dringendes Anliegen der Seherin ist das Gebet. Sie sagt:
„Eine der größten Gnaden, welche der liebe Gott den sündigen
Menschen erweist, ist die, daß sie zu ihm beten können. Was
könnte es auch für ein Geschöpf Wünschenswerteres geben,
als daß es mit seinem Schöpfer wie ein Kind mit seinem Vater
reden darf?"

PAUL PATTLOCH VERLAG · 875 ASCHAFFENBURG

Die Geheimnisse des Alten Bundes

Ganzleinen, 162 Seiten, Bestell-Nr. 91 008

3. Auflage

Die Visionen der Anna Katharina Emmerich über die „Geheimnisse des Alten Bundes" sind Gesichte, über die sie bereits als Kind berichtete. Sie beginnen mit dem Sturz der gefallenen Engel vor der Erschaffung der Welt, zeigen die gesamte Schöpfungsgeschichte, den Sündenfall und die Verheißung des Heiles. Sie berichten uns ausführlich über die Familie Adams, die Sintflut und über Noe und seine Nachkommen. Sie schildert dabei ausführlich die Gestalt des Religionsstifters Hom, von der wir erst durch die Nachforschungen des Frhr. von Ow seit dem Jahre 1906 Kenntnis haben. Wie es möglich war, daß die Seherin von Dülmen hierüber bereits etwa hundert Jahre vorher berichten konnte, gehört zu den unbegreiflichen Wundern ihrer Visionen.

Das Leben der Hl. Jungfrau Maria

Ganzleinen, 378 Seiten, Bestell-Nr. 91 005

4. Auflage

Das Leben der Mutter Jesu wird dem Leser auf schlichte liebenswerte Weise nähergebracht. Das Buch will keine geschichtlichen Tatsachen darstellen, sondern Anregungen für das religiöse Leben sein.

Das bittere Leiden unseres Herrn Jesu Christi

Ganzleinen, 480 Seiten, Bestell-Nr. 91 007

11. Auflage

In einer großartigen Schau erlebte Anna Katharina Emmerich das bittere Leiden und Sterben unseres Herrn; verblüffend ist die Wiedergabe der geringsten Einzelheiten, die einer wissenschaftlichen Prüfung standhielten.

PAUL PATTLOCH VERLAG · 875 ASCHAFFENBURG